JUICIO A LA ELOCUENCIA
EL DISCURSO DE LEOPOLDO LÓPEZ

Cuadernos publicados

1. Allan R. Brewer-Carías, *El Amparo a los Derechos y Garantías Constitucionales (Una Aproximación Comparativa)*. Cuaderno N° 1, Caracas 1993, 129 pp.
2. Allan R. Brewer-Carías, *El control concentrado de la Constitucionalidad de las Leyes (Estudio de Derecho Comparado)*. Cuaderno N° 2, Caracas 1994, 179 pp.
3. Luis Ortíz Álvarez, *El daño cierto en la Responsabilidad Patrimonial de la Administración Pública*. Cuaderno N° 3, (Agotado), Caracas 1995, 144 pp.
4. Jacqueline, Lejarza, *La Actividad de la Policía Administrativa*. Cuaderno N° 4, Caracas 1997, 112 pp.
5. Allan R. Brewer-Carías, *Las Implicaciones Constitucionales de la Integración Económica Regional*. Cuaderno N° 5, Caracas 1998, 151 pp.
6. José Luis Villegas, *La protección jurisdiccional de los intereses difusos y colectivos*, Cuaderno N° 6, Caracas 1998, 116 pp.
7. Allan R. Brewer-Carías, *Federalismo y Municipalismo en la Constitución de 1999 (Alcance de una reforma insuficiente y regresiva)*, Cuaderno N° 7, Caracas 2001, 187 pp.
8. Fanny Rubio Caldera, *La potestad correctiva de la Administración Pública (Artículo 84 de la Ley Orgánica de Procedimientos Administrativos)*, Cuaderno N° 8, Caracas 2004, 131 pp.
9. Allan R. Brewer-Carías, *Estudios sobre el Estado Constitucional (2006-2006)*, Cuaderno N° 9, Caracas 2007, 824 pp.
10. Alberto Blanco-Uribe Quintero, *El control indirecto de la Constitucionalidad, en España y Venezuela*, Cuaderno N° 10, Caracas 2012, 160 páginas.

Alexandra Álvarez-Muro

Profesora titular jubilada de la Universidad de Los Andes, Licenciada en Letras en la Universidad Central de Venezuela, M.Sc en Lingüística y Ph.D en Sociolingüística de la Universidad de Georgetown.

JUICIO A LA ELOCUENCIA
EL DISCURSO DE LEOPOLDO LÓPEZ

CUADERNOS DE LA CÁTEDRA FUNDACIONAL
ALLAN R. BREWER CARÍAS DE DERECHO PÚBLICO
UNIVERSIDAD CATÓLICA DEL TÁCHIRA

N° 11

Editorial Jurídica Venezolana
Caracas, 2016

© by Alexandra Álvarez-Muro
Hecho el Depósito de Ley
Depósito Legal: DC2016000637
ISBN: 978-980-365-359-0

Editorial Jurídica Venezolana
Avda. Francisco Solano López, Torre Oasis, P.B., Local 4, Sabana Grande,
Apartado 17.598 – Caracas, 1015, Venezuela
Teléfono 762-25-53 / 762-38-42/ Fax. 763-52-39
Email fejv@cantv.net
http://www.editorialjuridicavenezolana.com.ve

Diagramación, composición y montaje por: Francis Gil, en letra
Time New Roman 12 Interlineado Exacto 13, Mancha 21 x 12.5

*A los estudiantes presos,
que pudieron haber sido nuestros alumnos*

AGRADECIMIENTOS

Agradecer en un libro como este no puede hacerse sino en dos tiempos: primero, a quienes actúan a favor de la democracia y los derechos humanos en mi país, a quienes han caído en esa lucha, y a quienes sufren una justicia injusta. Segundo, a quienes contribuyeron con sus lecturas atentas y sus críticas a estos textos: a mi profesor Roger Shuy, por haber seguido el proceso de elaboración de mis escritos con ejemplar atención. A Teun van Dijk y Antonio Bañón por permitirme utilizar materiales ya publicados. A Allan Brewer Carías, por su reiterado estímulo. A Hugo López-Chirico, por su apoyo incondicional.

ÍNDICE

PRÓLOGO, por Allan R. Brewer-Carías 15
1. LA SITUACIÓN CONTROVERTIDA 37
2. ESTRUCTURA Y FUNCIÓN DE LOS DISCURSOS DE CALLE 43
    2.1. *¿Qué es el discurso político?* 44
    2.2. *Los discursos de Leopoldo López* 45
    2.3. *Dos textos* 47
        Texto 1.   Alocución del 23 de enero de 2014 47
        Texto 2.   Alocución del 12 de febrero previo a la marcha estudiantil 54
    2.4. *Estructura y función de los discursos* 57
        2.4.1. *El discurso el 23 de enero de 2014* 58
            El inicio 58
            El cuerpo del discurso 59
            El cierre 61
        2.4.2. *El discurso del Día de la Juventud* 62
            El inicio 62
            El cuerpo del discurso 63
            El cierre 64
    2.5. *Las incidencias* 64
    2.6. *Las figuras* 66
    2.7. *Consideraciones* 70
3   LAS VOCES EN EL DISCURSO DE LEOPOLDO LÓPEZ 71
    3.1. *El género* 72
    3.2. *La polifonía* 73
    3.3. *El discurso de La Salida* 75

- 3.3.1. *El locutor* 76
  - **El animador** 76
  - **El autor** 76
  - **El principal** 76
  - **Los locutores virtuales** 77
  - **El no-locutor** 78
  - **El otro** 79
- 3.3.2. *El receptor o alocutario.* 80
- 3.3.3. *Los puntos de vista* 81
  - **La democracia como punto de vista** 82
  - **El autoritarismo como punto de vista** 84
- 3.3.4. *Los nexos enunciativos* 85
  - **El tiempo** 86
  - **La negación** 86
- 3.4. *Las voces en la plaza* 88
  - 3.4.1. *El locutor* 89
    - **El animador** 89
    - **El autor** 89
    - **El principal** 90
    - **Los locutores virtuales** 91
  - 3.4.2. *El receptor o alocutario* 94
  - 3.4.3. *Los puntos de vista* 95
  - 3.4.4. *Los nexos enunciativos* 96
    - **El tiempo** 96
    - **La repetición** 97
- 3.5. *Consideraciones* 99

4 LA VISIÓN FORENSE DEL DISCURSO DE LEOPOLDO LÓPEZ 101

- 4.1. *El juicio desde la visión forense* 103
  - 4.1.1. *Los eventos comunicativos* 104
  - 4.1.2. *Los esquemas* 105
  - 4.1.3. *Las agendas discursivas* 106
  - 4.1.4. *Los actos de habla* 108
    - **Actos compromisorios** 110
    - **Actos directivos** 111

        Actos expresivos 113
        Actos representativos 113
        Declaraciones... 117
    4.1.5. *Las estrategias discursivas y la interrogación de la fiscal*... 118
        Estrategias nucleares: 119
        La interrogación de la fiscal...................................... 120
  4.2. *Consideraciones*... 122

5 @LEOPOLDOLOPEZ, EL TUITERO.. 125

  5.1. *El Twitter*.. 127
  5.2. *El experto* 130
  5.3. *Los temas tratados por el experto forense* 131
    5.3.1. *Los tuits del acusado*.. 132
    5.3.2. *El ethos del locutor, según el experto forense* 135
    5.3.3. *La libertad de expresión* 136
    5.3.4. *La salida y sus peligros*... 138
  5.4. *Dos éticas y sus argumentos* 141
    5.4.1. *Argumentos contra el tuitero* 142
    5.4.2. *Argumentos contra el twitter*..................................... 144
  5.5. *Consideraciones* 147

6 DISCURSOS INCOMPATIBLES 149

  6.1. *Algunos previos* 152
    6.1.1. *Los materiales*.. 153
    6.1.2. *El contexto* 154
  6.2. *Los temas en conflicto* 155
    6.2.1. *El ethos del locutor* 156
    6.2.2. *La desobediencia civil*.. 159
    6.2.3. *La Salida* 162
  6.3. *Los topos* 169
  6.4. *Consideraciones*.. 172

A MANERA DE EPÍLOGO 175
REFERENCIAS... 177

PRÓLOGO

Por Allan R. Brewer-Carías

Este libro de la profesora Alexandra Álvarez Muro, una de las más distinguidas lingüistas de Venezuela, muestra con toda maestría la relación que existe entre el derecho y la lingüística sobre un aspecto medular del juicio seguido contra Leopoldo López, el cual identifica con toda precisión como "un juicio a la palabra;" juicio penal en el cual se condenó a prisión a este dirigente político de oposición y ex alcalde, por el "delito" de haber expresado su opinión política, públicamente, en contra del gobierno, todo en ejercicio de su libertad de expresión de pensamiento que le garantiza la Constitución

En dicho juicio jugó un papel esencial precisamente la lingüística, que se quiso usar como herramienta para tratar de mostrar cómo, supuestamente la palabra de un destacado líder político llevó a la violencia callejera suscitada el día 12 de febrero de 2014. Los operadores judiciales trataron así de establecer, como lo destaca la autora, "una relación causa-efecto entre el discurso del orador y los hechos acaecidos en Caracas," basándose la acusación, precisamente, en los discursos y tuits del líder, que supuestamente y en forma absurda, como lo precisa la autora, "constituyeron el cuerpo del delito," de manera que en definitiva "el derecho de opinión se tradujo en delito contra el estado," para lo cual la sentencia definitiva se articuló íntegramente en lo que expresaron en juicio dos expertos en lingüística.

El libro, en el punto de relación entre derecho y la lingüística o de la lingüística y el derecho, está escrito de manera sencilla para que pueda llegar a un público culto pero no especializado ni en lingüística ni en derecho, que solo la maestría de una experta en lingüística podía lograr, analizando sucesivamente la forma de los discursos de López, las voces que se pueden oír en los mismos, la visión forense del uso que hizo del lenguaje y de lo que le acusó la Fiscalía, y la incompatibilidad entre lo dicho por el acusado y lo expresado por el acusador.

Como antes dije, nadie más apropiada para escribir este libro que la profesora Álvarez Muro, graduada en Letras en la Universidad Central de Venezuela en 1976, con cursos posteriormente en la Georgetown University de Washington D.C., donde obtuvo el *Master of Science in Linguistics* en 1986 y posteriormente en 1990, obtuvo el Ph.D. en *Sociolinguistics*. Con todo ese bagaje intelectual, la profesora Álvarez desarrolló su carrera académica en la Universidad Central de Venezuela (1974-1993) y luego en la Universidad de los Andes (1993-2008) donde llegó a ser profesora Titular, a dedicación exclusiva, habiéndose desempeñado como Jefe del Departamento de Lingüística de la Escuela de Letras (1996-1998) y Coordinadora del Doctorado en Lingüística (1998-2000). Tiene una extensa obra escrita, recogida en libros y artículos publicados desde 1987. Ha investigado sobre análisis del discurso político y últimamente ha incursionado directamente en la relación entre la lingüística y el derecho.

La profesora Álvarez Muro me pidió, muy honrosamente para mí, que redactara el Prólogo para su libro, tarea que he asumido gustosamente, con todo mi agradecimiento, particularmente por ya haber estudiado la sentencia condenatoria en el caso, de 10 de septiembre de 2015, dictada por una Juez provisoria a cargo del Juzgado Vigésimo Octavo de Primera Instancia en Función de Juicio del Circuito Judicial del Área Metropolitana de Caracas.[1] En dicha sentencia, la juez del caso, sin duda uno de los tantos "jueces del horror"[2] que lamentablemente conforman el Poder Judicial en el país, totalmente sometido al poder político, se imaginó, basándose precisamente en una experticia lingüística que la Fiscalía requirió se realizara sobre sus discursos,

---

1   Véase los comentarios que formulé respecto de esta sentencia, cuya línea argumental sigo en este Prólogo, en Allan R. Brewer-Carías, *La ruina de la democracia. Algunas consecuencias. Venezuela 2015*, (Prólogo de Asdrúbal Aguiar), Colección Estudios Políticos, N° 12, Editorial Jurídica Venezolana, Caracas 2015, pp. 553- 596; texto publicado también como "La condena a Leopoldo López por el "delito de opinión" o de cómo los jueces del horror están obligando al pueblo a la rebelión popular," en ***Revista de Derecho Público***, N° 143-144 (Cuarto Trimestre 2015, Editorial Jurídica Venezolana, Caracas 2015, pp. 436-458.

2   Como lo destacó Carlos Armando Figueredo en la traducción que hizo del libro de Ingo Müller, *Los Juristas del Horror*, sobre la conducta de los jueces durante el nazismo, de que "los atropellos, las prisiones, las torturas y aún el exterminio en masa se hicieron de manera legal y apegado a la norma," pues estaban apoyados por todos los poderes públicos que comandaba un autócrata. Véase Ingo Müller, *Hitler's justice: The Courts of the Third Reich*, Cambridge University Press, 1991. Traducción al castellano por Carlos Armando Figueredo: Ingo Müller, *Los Juristas del Horror*, Caracas 2006.

y sobre la cual trata este libro, que López supuestamente habría sido un instigador público y determinador para que otros ciudadanos supuestamente cometieran el delito de incendio y daños a bienes públicos, y además, ideó que se había asociado para delinquir, aplicando la Ley contra la Delincuencia Organizada y el Terrorismo, pero sin siquiera indicar cuál asociación ni quiénes eran sus integrantes, ni cuál era el motivo delictivo de la misma.

Esta barbaridad jurídica no es sino una muestra más de la suspensión que existe, de hecho, de la vigencia de la Constitución, cuyas disposiciones no se han cumplido nunca en materia de autonomía e independencia del Poder Judicial,[3] al haberse destruido el principio de la separación de poderes, y con ello, haberse desmantelado la propia democracia.[4] Esto es lo único que explica un juicio como el que se decidió en la sentencia que se comenta, en el cual la Juez de la causa no fue otra cosa sino un agente para la persecución, habiendo encarcelado y condenado a Leopoldo López a más de 13 años prisión, por el sólo hecho de haber sido uno de los líderes del movimiento de calle que se convocó en todo el país en febrero de 2014, generando manifestaciones pacíficas de protesta y de rechazo al régimen.

Por ello, y por expresar su opinión política en esas manifestaciones, el Ministerio Público controlado por el Poder Ejecutivo, lo acusó de todos los delitos inimaginables,[5] ordenando la juez de inmediato su detención,[6] proce-

---

3   Entre los múltiples trabajos sobre el tema escritos en los últimos tres lustros, véase: Allan R. Brewer-Carías, The Government of Judges and Democracy. The Tragic Situation of the Venezuelan Judiciary," en Sophie Turenne (Editor.), *Fair Reflection of Society in Judicial Systems - A Comparative Study*, Ius Comparatum. Global Studies in Comparative Law, Vol. 7, Springer 2015, pp. 205-231; publicado también en el libro: *Venezuela. Some Current Legal Issues 2014, Venezuelan National Reports to the 19th International Congress of Comparative Law, International Academy of Comparative Law, Vienna, 20-26 July 2014*, Academia de Ciencias Políticas y Sociales, Caracas 2014, pp. 13-42.

4   Véase Allan R. Brewer-Carías, *Dismantling Democracy. The Chávez Authoritarian Experiment*, Cambridge University Press, New York 2010; y "La demolición del Estado de derecho y la destrucción de la democracia en Venezuela," en *Revista Trimestral de Direito Público (RTDP)*, N° 54, Instituto Paulista de Direito Administrativo (IDAP), Malheiros Editores, Sao Paulo, 2011, pp. 5-34.

5   Véase "Fiscalía presentó acusación contra Leopoldo López," *El Nacional*, Caracas 14 de abril de 2014, en http://www.el-nacional.com/poli-tica/Fiscalia-General-acusacion-Leopoldo-Lopez_0_385161540.html.

6   Véase "Un tribunal ordena la detención de Leopoldo López," en *El Tiempo.com.ve*, Puerto la Cruz, 13, de febrero de 2014, en http://eltiempo.com.ve/venezuela/poli-tica/un-tribunal-ordena-la-detencion-de-leopoldo-lopez/126105.

diendo a conducir durante un año una parodia de "juicio," en el cual dictó la sentencia condenatoria mencionada por haber sido López, supuestamente, el *determinador de los delitos de incendio y daños, y el autor de los delitos de instigación pública y de asociación para delinquir.*[7] Como lo apreció con razón *Amnistía Internacional*, la sentencia se dictó "sin ninguna evidencia creíble en su contra" lo que "muestra la absoluta falta de independencia e imparcialidad judicial en Venezuela," agregando que:

> "Los cargos contra Leopoldo López nunca fueron adecuadamente sustanciados y la sentencia de prisión en su contra tiene una clara motivación política. Su único 'crimen' es ser líder de un partido opositor en Venezuela."
>
> Nunca debió haber sido arrestado arbitrariamente o enjuiciado en primer lugar. Es un prisionero de consciencia y debe ser liberado inmediata e incondicionalmente.
>
> Con esta decisión, Venezuela está eligiendo ignorar principios básicos de derechos humanos y dando una luz verde a más abusos."[8]

La acusación contra Leopoldo López, en efecto, se basó en el hecho de que él se habría expresado a través de tres medios distintos de comunicación, haciendo:

> "llamados a la violencia, desconocimiento de las autoridades legítimas y la desobediencia de las leyes, que desencadenó en el ataque desmedido por un grupo de personas que actuaron de forma individual, pero determinados por los discursos del mencionado ciudadano, contra la sede del Ministerio Público, de siete carros, de los cuales seis eran patrullas pertenecientes al Cuerpo de Investigaciones Científicas, Penales y Criminalísticas, de igual forma, atacaron y destruyeron la plaza de Parque Carabobo, actos éstos vandálicos ejecutados con objetos contundentes e incendiarios."

---

7 Véase el texto del escrito la acusación en http://cdn.eluniversal.com/2014/06/02/ACUSACION_LEOPOLDO.pdf

8 Véase las declaraciones de Erika Guevara-Rosas, Directora para las Américas de Amnistía Internacional, en "Venezuela: Sentencia contra líder de la oposición muestra absoluta falta de independencia judicial," Amnistía Internacional, 10 de septiembre de 2015, en https://www.amnesty.org/es/press-releases/2015/09/venezuela-sentence-against-opposition-leader-shows-utter-lack-of-judicial-independence/

Todos dichos actos, a juicio de la acusación:

> "fueron ejecutados como consecuencia de la persuasión e inducción realizada por el ciudadano Leopoldo Eduardo López Mendoza, quien ejerció una fuerte influencia no solo en su manera de pensar, sino en las potenciales acciones de sus destinatarios, quienes actuaron y cumplieron cabalmente el mensaje de ir por las cabezas de los Poderes Públicos y desconocer las autoridades legítimas."

Concluyendo el Ministerio Público, que era:

> "evidente que todo el aparataje empleado por el ciudadano Leopoldo Eduardo López Mendoza, no fue realizado por sí mismo, necesariamente contó con una estructura delictiva, que le permitía operar, especialistas en discurso, en twitter, en telefonía, financia-miento, entre otras cosas, en fin todo para poder desarrollar su plan criminal, que no era otro que persuadir e inducir a un grupo de personas que comparten su discurso para desconocer las autoridades legítimas y las leyes y propiciar la salida del Presidente de la República Bolivariana de Venezuela."[9]

La acusación estuvo montada, por tanto, para perseguir un "delito de opinión,"[10] dedicando para ese efecto buena parte de su contenido a citar un informe pericial de una experta en lingüística (Rosa Amelia Asuaje León),[11] la cual al analizar el "discurso" de Leopoldo López, llegó a afirmar –solo en forma de hipótesis– que "por los hallazgos que arrojan los textos analizados, los discursos del ciudadano Leopoldo López (los días previos al 12 de febrero del presente año) *pudieron preparar* a sus seguidores para que activaran lo que él llamó #LaSalida del día 12 de febrero y los días subsiguientes;" considerando además la experta en lingüística, que:

---

9   Véase el texto del escrito la acusación en http://cdn.eluniversal.com/2014/06/02/ACUSACION_LEOPOLDO.pdf

10 Por ello, con razón, Ramón Escobar León expresó que "Resulta un atentado a la libertad de expresión el hecho de que por medio del análisis de un discurso se pueda privar a alguien de su libertad. Se trata de la represión del discurso oral y escrito de los hablantes," en Ramón Escobar León, "Lingüística y derecho: el caso de Leopoldo López," en *El Nacional*, Caracas 11 de noviembre de 2015, en http://www.el-nacional.com/ramon escovar_leon/Linguistica-derecho-caso-Leopoldo-Lopez_0_535746451.html.

11 Debe destacarse sobre esta experta en lingüística, su carácter de columnista en el portal web Aporrea.org. Véase http://www.aporrea.org/auto-res/rosa.asuaje/

"el orador (Leopoldo López) al cultivar la ira en su discurso, argumentando en contra del actual gobierno nacional, *pudo haber transferido* este sentimiento a su público (seguidores), mediante la activación de un mecanismo discursivo que él denominó #La Salida, bajo una argumentación que denunciaba al presente gobierno (dirigido por el presidente Nicolás Maduro) de haber cometido una serie de faltas, excesos y omisiones que *pudieron haber exacerbado* a quienes siguen a Leopoldo López para materializar esa salida por una posible vía violenta, toda vez que el orador (Leopoldo López) se dirigió a sus destinatarios sin detallar que la salida iba a ser pacífica, por ejemplo, y que la misma estaría amparada en el marco de la Constitución..."[12]

La experto, incluso, se refirió al artículo 350 de la Constitución – que por cierto nada tenía que ver con la expertica en lingüística siendo más bien un tema estrictamente jurídico – llegando a la conclusión de que toda persona que invoque el derecho ciudadano a la desobediencia civil y a la resistencia frente a gobiernos que se consideran ilegítimos que garantiza dicha norma, necesariamente tendrá un propósito violento.

Ese análisis fue precisamente el fundamento para la acusación formulada contra Leopoldo López por el "delito de opinión," aun cuando la misma se hubiese encubierto con la acusación contra López de haber sido "determinador" o "inductor" del delito de incendio o daño, en el sentido de haber causado "la resolución criminal en otra persona" de cometer dichos delitos, a cuyo efecto se argumentó que su actuación y su discurso político habría sido la "condición *sine qua non* de la resolución delictiva del autor." Por ello, el Fiscal acusador precisó que si bien López no había desplegado "de manera directa los delitos de Incendio y Daños," sin embargo, supuestamente sí existían:

"elementos, como la *expertica de análisis de los discursos del imputado Leopoldo López*, suficientes para estimar que sí determino e indujo a los manifestantes a realizar *un ataque en contra de la sede del Ministerio Público, y en contra de bienes del Estado Venezolano*, lo cual realizó de manera pública, desde días anteriores, e inclusive el

---

12 La propia experta reconoció el planteamiento hipotético de su expertica, al pretender tardíamente desmarcarse de la sentencia, indicando que en aquella, solo había utilizado "el modo potencial para expresar que el ciudadano *podría, estaría en condiciones de...,*". Véase Rosa Amelia Asuaje: "La responsabilidad y el exfiscal Nieves," en *Panorama.com.ve*, 29 de octubre de 2015, en http://www.panorama.com.ve/opinion/Rosa-Amelia-Asuaje-La-responsabilidad-y-el-exfiscal-Nieves-20151029-0042.html

mismo 12 de febrero de 2014, en *un discurso* donde incitaba a desconocer a la autoridad legítimamente constituida e ir por las cabezas de los Poderes Públicos, siendo sin duda una influencia psicológica significativa para un grupo de personas que actuaron *determinados por los discursos del ciudadano Leopoldo López*, y en consecuencia *ejecutaron la instrucción impartida*, resultando en principio atacada el Ministerio Público, posteriormente fueron embestidas otras instituciones del Estado, también determinados por la convocatoria a la desobediencia y al ataque formulado por el imputado, *tal como se evidencia en la experticia de análisis de discurso*, la cual arroja entre otros particulares "...que el ciudadano Leopoldo López posee un *ethos* discursivo que domina e incide sobre el *ethos* de sus destinatarios; en consecuencia, todo aquello que el destinador o locutor le diga a sus destinatarios, ejercería una fuerte influencia, no sólo en su manera de pensar, sino en las potenciales acciones que los destinatarios pueden realizar, actuando en consecuencia, de allí que lo que él diga o pueda transmitir a su audiencia sea transferido efectivamente, tanto, que sus destinatarios se sienten animados a seguir, en acciones, lo que este les indica que deberían hacer, aunque no les explique claramente..."

En ocasión a tal llamado, con la plena y total convicción que su convocatoria en tales términos sería acatada por el colectivo, principalmente por los estudiantes, *intencionalmente* el imputado Leopoldo López, *los llamó a ir por las cabezas de los poderes públicos y las instituciones, por lo cual un grupo de personas, algunos de ellos ya acusados por el Ministerio Público, fueron a acatar el llamado de Leopoldo López, y arremetieron en contra de la sede de la Institución, con la intención de ocasionar daños, incendiaron* dicha sede tal como lo refleja la Inspección Técnica practicada por los funcionarios adscritos a la Unidad Criminalística para vulneración de Derechos Fundamentales del Ministerio Público, la cual arroja como resultado que tanto en el área de Biblioteca central del Ministerio Público, como en la puerta de acceso, hubo combustión, que fue neutralizada posteriormente por funcionarios adscritos a la Dirección de Seguridad de la Institución, lo cual evidencia la perpetración del delito de incendio" (Destacados nuestros).[13]

O sea, que de un discurso político opositor en el cual se reclamó la ilegitimidad del gobierno y la necesidad de su cambio, pero en el cual nunca se

---

13 Véase el texto del escrito la acusación en http://cdn.eluniversal.com/2014/06/02/ACUSACION_LEOPOLDO.pdf

mencionó, ni se dijo ni directa ni indirectamente que había que ir a incendiar o dañar determinados bienes o edificaciones, y menos los de propiedad pública, el Fiscal dedujo solo por un malabarismo "lingüístico" que Leopoldo López, intencionalmente, supuestamente le habría impartido una instrucción a los manifestantes de ir a incendiar y dañar bienes públicos induciéndolos en particular a que debían ir a incendiar y causar daños a la sede del Ministerio Público. Tan simple y aberrante como eso.

Por ello, de esa acusación, como lo destacó José Ignacio Hernández, en realidad, lo que se evidenció fue:

> "que el juicio a Leopoldo López se inició en función a las opiniones por él expresadas. Es decir, López no está siendo enjuiciado por incendiar o destruir edificios. Esos hechos violentos, sin duda alguna, justifican todo rechazo y el inicio de las investigaciones correspondientes. Pero de eso no trata el proceso contra López. El proceso penal versa, básicamente, sobre un juicio a las opiniones políticas de López."[14]

De ello, la conclusión del mismo José Ignacio Hernández fue, con razón, que hasta donde entendía:

> "no se ha considerado que Leopoldo López llamó directa y enfáticamente a quemar o destruir edificios ni a desobedecer las Leyes. Por el contrario, lo que se considera es que su discurso político, al llamar a protestas para la salida del Gobierno, habría degenerado en hechos de violencia e incitaciones para violar Leyes. Es decir, el juicio penal se basa en la interpretación del discurso político, más que en el discurso en sí.
>
> La relación de causalidad es por ello mediata, no inmediata. Tan es así que para acreditar los delitos por los cuales fue acusado se requirieron más de doscientas páginas y hasta un informe experto. Un delito de opinión, por parte de un político, para ser consistente con la libertad de expresión, no debería pasar por un análisis tan detallado. Solo puede haber delito de opinión en un político si su discurso, de manera clara, directa, expresa y sin margen de duda alguna, constituye un delito. Caso concreto, deberá favorecerse a la libertad de expresión."[15]

---

14 Véase José Ignacio Hernández, "Todo lo que debe saber para entender por qué se enjuicia a Leopoldo López," en *Prodavinci*, 16 de junio de 2014, en http://proda-vinci.com/blogs/todo-lo-que-debe-saber-para-entender-por-que-se-enjuicia-a-leopoldo-lopez-por-jose-i-hernandez/

15 Véase José Ignacio Hernández, "Todo lo que debe saber para entender por qué se enjuicia a Leopoldo López," en *Prodavinci*, 16 de junio de 2014, en

Nada de eso ocurrió en este caso: López no llamó ni incitó a nadie, ni directa ni indirectamente, y mucho menos intencionalmente para que fuera a incendiar o dañar bienes de naturaleza alguna, por lo que nunca pudo haber sido "determinador" de esos delitos; ni se asoció con nadie con intención criminal, con el propósito de que se cometieran esos delitos. Y en todo caso, del largo relato de la sentencia nada de ello se probó en juicio.

Pero nada de ello lo tomó en cuenta ni el Ministerio Público ni la Juez. En el caso de Leopoldo López, el objetivo del gobierno era apresarlo para sacarlo de la escena política, y se acudió al absurdo de hacerlo preso por lo que decía, por su discurso opositor y por su liderazgo. No otra cosa se deduce de la acusación fiscal en su contra, en la cual absurdamente se argumenta que en febrero de 2014 Leopoldo López, como líder político de oposición, no es que tenía un partido político y unos seguidores, sino "todo un aparataje" que según la Fiscalía, constituía una "estructura delictiva," que además contaba con "especialistas en discurso, en twitter, en telefonía, financiamiento, entre otras cosas," es decir todo lo que usualmente tiene y hace un partido y los grupos políticos en un país democrático, llegando a afirmar que todo ello, no era para participar legítimamente en el juego democrático, sino "para poder desarrollar su plan criminal," que solo era "persuadir e inducir a un grupo de personas que comparten su discurso para desconocer las autoridades legítimas y las leyes y propiciar la salida del Presidente de la República Bolivariana de Venezuela."

O sea, que con esa acusación todo el que haga oposición en Venezuela, es decir, que acuse al gobierno de ilegítimo, y que propugne su salida del poder, corre el riesgo de que se lo acuse de cualquier delito, pues cualquier partido político bajo esa óptica fiscal sería una "estructura delictiva" o "banda de criminales."

La consecuencia de ese enfoque autoritario, como era previsible y lo habían anunciado funcionarios gubernamentales, fue que el día 10 de septiembre de 2015, la Juez de la causa dictó contra Leopoldo López,[16] sobre la cual su abogado defensor, aún antes de tener copia de la misma y del estudio que hizo de su lectura en el Tribunal, globalmente consideró que estaba:

---

http://prodavinci.com/blogs/todo-lo-que-debe-saber-para-entender-por-que-se-enjuicia-a-leopoldo-lopez-por-jose-i-hernandez/

16 Ello, con algunas variantes fue lo que la prensa pudo informar al dictarse la sentencia. Véase "Tribunal sentenció a Leopoldo López 13 años de prisión por responsabilidad en violencia de 2014," en *Venezolana de Televisión*, 10 de septiembre de 2015, en http://www.vtv.gob.ve/articulos/2015/09/10/tribunal-sentencio-a-leopoldo-lopez-a-mas-de-13-anos-y-9-meses-8551.html

"cargada de vicios y que sus argumentos son débiles. Es débil especialmente desde el punto de vista probatorio: nunca se acreditó el determinador en daños, hay ausencia de evidencia en cuanto al delito de o de asociación para delinquir. Se basa en los testimonios de los expertos que analizaron el discurso y el Twitter de López, Rosa Amelia Asuaje y Mariano Alí, pero toma extractos con pinza que no reflejan la realidad de lo que dijeron y se contradicen con el testimonio de otros testigos que aclararon que Leopoldo López nunca llamó a la violencia."[17]

Por ello es que, como lo reseñó la prensa, el mismo Leopoldo López, durante su exposición ante la juez cuando dictó la sentencia le dijo que:

"Usted tiene más miedo de dictar esta sentencia que yo de escucharla," afirmando que "el proceso en su contra buscaba criminalizar la palabra, por cuanto se le estaba acusando de incitar a los hechos de violencia registrados el año pasado por impulsar 'La Salida,' la cual consideró que "era constitucional y enumeró los mecanismos constitucionales que, según él, la permiten; y la justificó asegurando que los poderes públicos en Venezuela violan la Carta Magna."[18]

Sobre esta condena, José Ignacio Hernández, en síntesis y con toda razón, observó que la misma no fue otra cosa sino "un grave caso de violación de Derechos Humanos que afecta sensiblemente al sistema democrático," considerando que Leopoldo López "es un "prisionero de conciencia," es decir, "una persona que ha sido *juzgada y condenada por sus opiniones políticas.*" En el caso, señaló Hernández, López fue "condenado *por lo que el Estado interpretó que dijo y no por ningún hecho cierto y concreto;*" en "un

---

17 Véase la reseña de Álex Vásquez, "Con declaraciones de los propios testigos rebatirán la condena de López," *El Nacional*, 5 de octubre de 2015, en http://www.el-nacional.com/politica/declaraciones-propios-testigos-rebatiran-Lopez_0_713928718.html

18 Véase las reseñas: "Jueza condena a Leopoldo López a casi 14 años de cárcel por hechos del 12F," en *El Universal*, 10 de septiembre de 2015, en http://www.eluniversal.com/nacional-y-politica/150910/jueza-condena-a-leopoldo-lopez-a-casi-14-anos-de-carcel-por-hechos-del; "Condenaron a Leopoldo López a 13 años y 9 meses de cárcel por los hechos de violencia del 12-F," en *El Nacional*, 11 de septiembre de 2015, en http://www.el-nacional.com/politica/Condenaron-Leopoldo-Lopez-hechos-violencia_0_700129993.html

proceso de contenido político en el cual, desde un comienzo, se sabía el final."[19]

Como lo observó Luis Ugalde S.J.:

"Sin probar delito alguno, Leopoldo López fue condenado a 14 años de cárcel. Muchos sabíamos que Venezuela estaba bajo una dictadura mal disfrazada, pero ahora el mundo se va enterando de que este Régimen es el gran empobrecedor de los pobres, con una inflación que supera el 200% en dos años y un desabastecimiento que constituye una calamidad nacional, y que en Venezuela no hay estado de derecho.

¿Cuál es el delito de Leopoldo López, Antonio Ledezma, de los cuatro estudiantes condenados, de los presos políticos y de los inhabilitados y perseguidos? Ni violencia, ni muerte; si de eso se tratara el Gobierno y sus jueces estarían atareados con los 25.000 asesinatos por año. *Su "delito" consiste en ser opositores con liderazgo. El Régimen, a su conveniencia, decide quiénes han de ser difamados, sometidos a escarnio, encarcelados, exiliados o inhabilitados.* Así fue en la Alemania nazi, en la Unión Soviética, en China, o en Cuba: *todo disidente, todo líder que exprese su desacuerdo, es un "delincuente."* Tomada la decisión, lo que sigue es simple tramoya y decoración del escenario para justificar la condena y la ejecución pública. A Leopoldo López no le han probado ningún delito para condenarlo a 14 años, pero es lo que estaba en la voluntad del poder dictatorial."[20]

Y así fue; en un paródico proceso, a Leopoldo López se lo condenó a prisión, no porque hubiera cometido delito alguno, sino porque el Estado consideró que su discurso político había que criminalizarlo, es decir, había que criminalizar el ejercicio de su libertad de expresión del pensamiento que le garantiza la Constitución, y por ello, se lo condenó por haber expresado sus ideas políticas; y todo, con el falaz argumento de que supuestamente, por sus palabras, habría sido "determinador" de que otras personas, que ni siquiera conocía, en el curso de una manifestación pública, hubieran supuestamente incendiado y dañado unos bienes de propiedad pública, aun cuando en su discurso nunca se refirió a tales acciones; y porque además, supuestamente,

---

19 Véase José Ignacio Hernández, "Sobre el juicio y la condena a Leopoldo López," en *Prodavinci*, 11 de septiembre de 2015, en http://prodavinci.com/blogs/sobre-el-juicio-y-condena-a-leopoldo-lopez-por-jose-ignacio-hernandez/

20 Véase Luis Ugalde, "Leopoldo, dictadura, elecciones," en *El Nacional*, Caracas, 24 de septiembre de 2015, en http://www.el-nacional.com/sj-luis_ugalde/Leopoldo-dictadura-elecciones_0_707329426.html

era parte de una "asociación para cometer hechos punibles" y habría instigado a desobedecer las leyes, pero sin siquiera identificarse dicha "asociación criminal para delinquir" ni a los supuestos "asociados" conspiradores.

Y todo ello, como bien lo observó Ramón Escobar León, en una sentencia cuyo basamento fue "en realidad un análisis hipotético de las consecuencias del discurso político de un venezolano"[21]

Como lo recordó la Comisión Interamericana de Derechos Humanos al manifestar su preocupación por la omisión del Poder Judicial venezolano en publicar durante casi un mes el texto de la sentencia contra López, el mismo fue un proceso para declarar a Leopoldo López *"culpable por los delitos vinculados al ejercicio de la libertad de expresión y sus derechos políticos"* condenándoselo por los delitos de "instigación pública, daños a la propiedad, incendio intencional, asociación para delinquir," considerando que:

> "el abuso de tipos penales vagos y ambiguos, que permiten la atribución de responsabilidades a quienes participan o convocan a una manifestación, genera un efecto amedrentador en el ejercicio del derecho a la protesta, que resulta incompatible con los principios democráticos."

Agregó además la Comisión Interamericana en su Comunicado de Prensa del 25 de septiembre de 2015, al mostrar su preocupación por la falta de publicación de la sentencia de condena, que:

> "el derecho a la protesta incluye el derecho a elegir la causa y objetivo de la misma; y el llamado no violento a un cambio de la política estatal o del propio gobierno forma parte de los discursos especialmente protegidos," de manera que "la responsabilidad por actos de violencia cometidos durante una protesta debe ser atribuida en forma individual."[22]

---

21 Véase en Ramón Escobar León, "Lingüística y derecho: el caso de Leopoldo López," en *El Nacional,* Caracas 11 de noviembre de 2015, en http://www.el-nacional.com/ramon_esco-var_leon/Linguistica-derecho-caso-Leopoldo-Lopez_0_535746451.html

22 Comisión Interamericana de Derechos Humanos, "Comunicado de Prensa," 25 de septiembre de 2015, en http://www.oas.org/es/cidh/prensa/comunicados/2015/107.asp Véase la notica en la reseña "CIDH pide a Venezuela publicar sentencia contra Leopoldo López," donde se menciona que "el secretario general de la OEA, Luis Almagro, pidió recientemente que la comunidad internacional tenga acceso a la sentencia condenatoria de López, quien ha recibido muestras de apoyo y solidaridad de Gobiernos, expresidentes, organizaciones

Para dictar la condena, aparte de diversas "pruebas" que nada probaban, la Juez lo que hizo fue valorar la declaración de los dos expertos forenses que a requerimiento de la Fiscalía analizaron los discursos de Leopoldo López, y que fueron, por una parte el experto Mariano Alfonso Alí, quien analizó el discurso de Leopoldo López formulado en su cuenta twiter@LeopoldoLópez durante tres meses, entre el 1º de enero y el 18 de marzo de 2014, refiriéndose a los "parámetros que un líder debe tomar en cuenta al momento de emitir sus mensajes y transmitir sus discursos," concluyendo que:

> "Leopoldo López utilizó el twitter como un poder fáctico [...] lanzando mensajes en contra del actual gobierno, desconociendo su legitimidad," expresando "por ejemplo "el que se cansa pierde" el cual fue retwiteado, [...] la salida "sosVenezuela'" "el Estado delincuente el cual también fue ampliamente difundido."

En particular, el experto observó que:

> "En cuanto al día 12 de febrero, hubo una descalificación a los representantes de los poderes del Estado, algunos adjetivos relevantes que manifestó: un Estado delincuente, asesino, narcotraficante, entre otros, considerando el experto que esos mensajes tenían un propósito que es llegarle al receptor, construyendo el modelo básico de comunicación que es emisor, medio (por donde se transmite el mensaje), mensaje y el receptor, para construir una idea en torno a una visión de país para que le llegue a sus seguidores que, para ese momento era más de 2 millones 700 mil" (p. 262).

Otras características del discurso de Leopoldo López, que destacó el experto, fue que:

> "habla por todos los venezolanos y venezolanas, no solamente habla en primera persona, habla por toda la oposición y habla por todos los demás venezolanos que, no son parte de la oposición [...] afirmando que el país está dividido en dos, y que los venezolanos supuestamente están secuestrados por un Estado delincuente y por un Presidente que manda sus grupos armados a asesinar venezolanos, y un pequeño grupo, y digo pequeño porque él lo califica como una cúpula que, ha secuestrado los poderes del Estado, tales emisiones de mensajes causa en el ánimo de sus seguidores una conducta agresiva, po-

---

no gubernamentales y artistas." Véase en *Noticias Caracol*, 25 de septiembre de 2015, en http://www.noticiascaracol.com/mun-do/cidh-pide-venezuela-publicar-sentencia-contra-leopoldo-lopez.

niendo en peligro la tranquilidad pública, produciéndose en la edificación grandes y evidentes signos de violencia" (pp. 262-263).

De lo anterior, en todo caso, hay que observar que sobre lo que sí tenía razón el experto en cuya opinión se basó la Juez para dictar su fallo, es su atinada apreciación de que para la oposición, efectivamente en Venezuela lo que existe es un Estado delincuente, controlado por un pequeño grupo que tiene secuestrado todos los poderes del Estado. Ello nadie lo puede negar, de manera que mal podría ser un delito decir la verdad, la cual además todo el mundo sabe.[23]

Pero por otra parte, la Juez, en su sentencia, también valoró la declaración de la experta en lingüística ya mencionada, Rosa Amelia Azuaje León,[24] quien también realizó un "estudio de lingüística" del contenido de *cuatro discursos* de Leopoldo López, considerando que "a través de sus discursos envió mensajes descalificativos que desencadenaron las acciones violentas y eminentes daños a la sede Fiscal y cuerpo de investigaciones," pasando luego la experta a dar consejos y reglas de conducta sobre qué y en qué forma es como un líder político debe expresarse, indicando entre otras cosas que:

> "lo correcto en su posición de líder es la de llamar a la calma, la tranquilidad, la paz, y a la utilización de los mecanismos adecuados establecidos en la Ley, para plantear su descontento con el actual gobierno" (p. 263).

La experta, en efecto, reconoció, según relata la sentencia, que López se dirigió a "un pueblo a quien él conoce muy bien […] conformado en su mayoría por jóvenes que tienen inquietudes, que se sienten indignados, que tienen legítimas razones para sentirse indignados." A ese pueblo, según la experta, López se dirigió planteando "topos" de "cambio de sistema, de cambio de gobierno," comenzando "con una exhortación muy poderosa que es la de expresar que este sistema no sirve." La experta, sin embargo, a pesar de hacer esas afirmaciones, alegó no ofrecer criterios políticos, sino solo:

> "hacer un trabajo descriptivo de lo que el ciudadano Leopoldo López ha hecho y el me dirá si tengo o no tengo razón, porque finalmente fue él

---

23 Véase, por ejemplo, Carlos Tablante y Marcos Tarre, *Estado delincuente. Cómo actúa la delincuencia organizada en Venezuela* (Prólogo de Baltazar Garzón), La Hoja del Norte, Caracas 2013.

24 Como se dijo, Rosa Amelia Azuaje León, experta en lingüística, tenía el carácter de columnista en el portal web Aporrea.org. Véase en http://www.aporrea.org/autores/rosa.asuaje/.

quien habló no yo, ese topos de cambio de sistema y cambio de gobierno" (p. 263).

Por supuesto, la defensa de López bien alegó que la experta no tenía razón, pero por supuesto ello no tuvo importancia para la Juez, a pesar de la salvedad hecha por la experta.

En todo caso, esos cambios de sistema, según la experta, en los discursos de Leopoldo López, supuestamente se darían a través de lo que él denominó "la salida," que la experta consideró como un "programa negativo" que propugnaba "cambiar el actual sistema que hay por otro sistema que sea más democrático [...], donde la justicia sea para todos y no para un grupo." (p. 263).

Otro de los "topos" que analizó la experta en los discursos políticos de López, fue el haber éste hecho una referencia histórica al nombre de Rómulo Betancourt, lo que por lo visto conduce al absurdo de pensar que en la mente de la experta ello es un delito. La experta, sin embargo, luego de reconocer que era muy difícil encontrar que la figura de Betancourt pudiera tener impacto en "un destinatario joven," afirmó que en el haber López parangonando dos "momentos históricos de la historia de Venezuela," el "23 de Enero de 1958 con el 23 de Enero de 2014," no era un inocente hecho, pues consideró que "no hay discurso inocente y no quiero decir que lo estoy criminalizando, pero todo discurso se construye mediante unos fines determinados y eso es una práctica social." De manera que después de expresar "que me corrija la defensa si me estoy equivocando," y aclarar que ella (la experta) no se iba "a meter con la verdad, las verdades son demasiado esquivas para yo tocarlas," consideró que la referencia a Betancourt había sido para recurrir a su *"auctoritas"* (p. 264).

De allí la experta pasó a analizar otro de los "topos" de los discursos de López, que fue la "distinción muy clara entre pueblo y gobierno" que ella dedujo de los discursos, en el sentido de que "el pueblo es bueno, el gobierno no, el pueblo es humillado, el pueblo está siendo objeto de violaciones a sus derechos humanos en cambio el gobierno no," agregando incluso la experta una disquisición sobre otro "topo" que fue que "además, el pueblo considera legítimo desconocer a un gobierno ilegítimo;" agregando la experta que:

> "si se deslegitima el gobierno y se dice claramente que esto es un gobierno ilegítimo, pues salir a la calle a conquistar la democracia por medios constitucionales, en el día de hoy, constitucionalmente es muy complicado, o sea discursivamente es una tarea titánica" (p. 265).

La Juez, en su sentencia, continuó acotando a la experta, considerando que estaba acreditado que Leopoldo López, en una rueda de prensa que dio el 23 de enero de 2014, "intensificó su discurso e inició una campaña pública y agresiva" contra el Presidente de la República Nicolás Maduro y las instituciones del Estado, expresando "que el actual Gobierno tiene vínculos con el narcotráfico," además "de ser corrupto, opresor, antidemocrático, y que era necesario salir a conquistar la democracia, y que para ello el cambio o la salida solo iba ser posible con el pueblo en la calle" (pp. 265-266). Para ello, la experta consideró que López tenía preparado un discurso, recordando el derrocamiento de Pérez Jiménez, sobre la base de la expresión "Tenemos que salir a conquistar la democracia," lo que a su juicio significaba que:

> "su fin no era otro que sembrar la idea en sus seguidores, que solo la calle podía generar un cambio, invitándolos a ser protagonistas, con el fin de desconocer la legitimidad del Ejecutivo Nacional, así como de las cabezas de los Poderes Públicos, (palabras éstas que recalcó en la entrevista rendida ante el canal de noticias CNN en español, el día 11 de febrero del año 2014) (p. 266).

De todo ello la experta dedujo que la estrategia fijada por Leopoldo López y su "grupo estructurado," era clara, en el sentido de:

> "utilizar los medios de comunicación social convencionales y alternativos para darle fuerza a sus discursos de contenido violento, pues su único propósito era desaparecer la tranquilidad pública, al llamar a un grupo de personas en correspondencia con su alocución, para desconocer las autoridades legítimas y las leyes" (p. 266).

La experta luego entró en argumentos jurídicos al analizar el planeamiento de López de que la gente se mantuviera en la calle "hasta tanto el Presidente de la República 'se fuera,'" considerando la experta que ello "no era posible constitucionalmente," toda vez que el Presidente había sido electo para el período 2014 hasta 2019. Sobre ello, con razón, Ramón Escobar León consideró que la experta, en su Informe,

> "se desdobla en jurista y de inmediato entra en el terreno de la interpretación constitucional. En este sentido interpreta los artículos 6, 71, 72, 73 y 74 de la Constitución para concluir que la "salida" propuesta por López implica la revocatoria del "mandato por elección popular". Se trata entonces de un informe que pretende ser lingüístico y jurídico y que termina sin ser ni una cosa ni la otra, pues es realizado por quien no es jurista y porque las supuestas pruebas lingüísticas son analizadas sin considerar el contexto."[25]

---

25 Véase Ramón Escobar León, "Lingüística y derecho: el caso de Leopoldo López," en *El Nacional*, Caracas 11 de noviembre de 2015, en http://www.el-

Después de su argumento "jurídico," la experta pasó a referirse a otro discurso "de forma violenta" de López, pronunciado el 12 de febrero de 2015, en el cual estableció "como consigna '#LaSalida- #LaCalle,'" deduciendo de ello la experta que su fin:

> "era realizar un cambio total y profundo de quienes conducen el Poder Público Nacional, con el fin que fueran sustituidos de sus cargos," reforzando "nuevamente su pretensión de desconocer a las autoridades legítimas" (p. 266).

Refirió además, la experta, que al llegar López a la sede del Ministerio Púbico para requerir la libertad de los estudiantes detenidos en el Estado Táchira, al no haber sido atendidos los manifestantes por la Fiscal General:

> "gritaban consignas en contra de la institución y de su máxima autoridad; sin mencionar el discurso agresivo, todo ello siempre bajo la mirada de su líder y vocero Leopoldo López, *quien luego decidió retirarse del lugar*" (p. 267) (Destacado nuestro).

La sentencia continuó afirmando, y en esta parte no se sabe si la Juez seguía o no parafraseando a la experta,[26] que otros ciudadanos "tomaron una actitud violenta, con ira descontrolada y comenzaron a arremeter contra la sede del Ministerio Público, lanzando directamente a dicho inmueble piedras, objetos contundentes, bombas molotov, causando graves daños en la fachada del edificio" [...], instigando estos otros ciudadanos, así como el resto de los manifestantes, a la desobediencia de las leyes, poniendo en peligro la tranquilidad pública, produciéndose en la edificación grandes y evidentes signos de violencia [...] lanzaron bombas molotov al interior del edificio [...] cau-

---

nacional.com/ramon_escovar_leon/Linguistica-derecho-caso-Leopoldo-Lopez_0_535746451.html.

26 Semanas después, la propia experta en lingüística reconoció que "El hecho de que la jueza Barreiros haya puesto en su sentencia, (página 263) que yo inculpaba al ciudadano López por la quema de la sede fiscal y de los cuerpos de seguridad, es una interrogante que aún me hago, pues quien haya tenido acceso a la lectura de la sentencia y de mis declaraciones (plagada, por cierto, de numerosos errores de transcripción), jamás leerá que en mi registro de habla yo me refiriera al Ministerio Público como "sede fiscal" ni al CICPC como "cuerpo de seguridad"; además porque, y esto es lo más importante, no tenía yo pruebas para afirmar ello. Quiero pensar en la buena pro de la ciudadana jueza quien, quiso parafrasearme junto al añadido de sus propios juicios." Véase Rosa Amelia Asuaje: "La responsabilidad y el exfiscal Nieves," en *Panorama.com.ve*, 29 de octubre de 2015, en http://www.panorama.com.ve/opinion/Rosa-Amelia-Asuaje-La-responsabilidad-y-el-exfiscal-Nieves-20151029-0042.html

sando combustión" (p. 267). Igualmente la sentencia detalló las experticias realizadas sobre los textos de todos los grafitis, pintas y anotaciones formulados por los manifestantes contra el gobierno (p. 268), de lo cual dedujo la Juez que no quedaba duda "que las personas que acudieron a la sede de la Fiscalía General de la República eran seguidores del Ciudadano Leopoldo López," por los "panfletos alusivos al Partido Voluntad Popular, así como mensajes alusivos" a La Salida [...] al exigir la renuncia del Presidente de la República, así como transcripciones de palabras dichas por el Ciudadano Leopoldo López" (p. 268).

De todo lo anterior, la Juez en su sentencia consideró que

"claramente se determina que el ciudadano Leopoldo López, *no utilizó los medios apropiados establecidos en la Constitución*, para que sus demandas fueran atendidas, *sino que utilizó el arte de la palabra*, para hacer creer en sus seguidores que existía una supuesta salida constitucional, cuando no estaban dadas las condiciones que pretendía, como era, la renuncia del Presidente de la República, el referéndum revocatoria que sólo podría estar previsto para el año 2016, su propósito *a pesar de sus llamados a la paz y la tranquilidad*, como líder político era conseguir la salida del actual gobierno a través de los *llamados a la calle, la desobediencia de la ley, y el desconocimiento de los Poderes Públicos del Estados, todos legítimamente constituidos*" (p. 269).

O sea, según la Juez, Leopoldo López no habría utilizado los medios "apropiados" para su discurso político, y sin decirle cuáles eran los apropiados, lo condenó en definitiva por un delito de omisión, es decir, por no haber hecho lo que la Juez consideró que era apropiado, pero sin decir qué era. Por ello, la conclusión de la sentencia fue entonces que a pesar de que la Constitución garantiza el derecho a la libre expresión del pensamiento (art. 57) y el derecho a manifestar pacíficamente (art. 68), Leopoldo López sin embargo, "envió un *mensaje no adecuado a sus seguidores*, quienes en su mayoría eran jóvenes, llamándolos a la calle a una supuesta *salida constitucional y democrática, cuando debió haberlo hecho a través de la vía constitucional, activando estos mecanismo,*" (p 270).

Es decir, de nuevo, la condena fue por no haber actuado en forma "adecuada" según el criterio de la Juez, decidiendo entonces que supuestamente había quedado acreditado que López fue *determinador en el delito de incendio y en el delito de daños; y autor en el delito de instigación pública y de asociación para delinquir,* condenándolo a *trece (13) años, nueve (9) meses, siete (7) días y doce (12) horas de prisión."*

Sin embargo, como resulta confirmado por el análisis de la sentencia que hace la profesora Álvarez en este libro, en realidad, a López se lo condenó por el "delito de opinión," es decir por su discurso, por manifestado públicamente su opinión política, como líder opositor exitoso,[27] y haber denunciado la falta de democracia y todos los vicios que afectan al régimen totalitario, promoviendo la necesidad de que dicho gobierno fuera removido del ejercicio del poder. Y para ello, ante la ausencia de pruebas, a la Fiscalía no se le ocurrió otra cosa que no fuera recurrir a una supuesta evidencia lingüística, que es una prueba bien sofisticada por lo demás, pero apelando a dos expertos que resultaron adeptos al régimen, quienes incluso habían "manifestado públicamente su adhesión al gobierno" o habían "ocupado cargos públicos." Ello le que permite a la profesora Álvarez apreciar, las dos posiciones ideológicas que condicionaron el juicio, así:

> "Para la fiscalía y sus expertos forenses Venezuela es un paraíso democrático, puesto que se entiende que un gobierno surgido de elecciones es un gobierno democrático, democracia de origen. López exige la condición de desempeño democrático; el gobierno venezolano vulnera principios fundamentales de la democracia como la separación de poderes y, por ello, la autonomía de la justicia, por lo tanto la situación actual no corresponde con su visión de un estado democrático. "

Por ello, como también lo observa con toda razón y maestría académica la profesora Álvarez al referirse a la sentencia condenatoria de López, su texto:

> "refleja dos visiones del estado —por parte del acusado y de la fiscalía— que son opuestas e irreconciliables. Esto incide negativamente en la justicia. Por una parte se observa el apego a las formas republicanas de gobierno, por la otra la idea de que lo político debe prevalecer sobre lo jurídico. Esta última tendencia, representada por el chavismo, desconoce el derecho a la protesta por vía constitucional. Son dos con-

---

27 Por ello, con razón, Alberto Arteaga ha expresado sobre la sentencia, que "López fue condenado solamente por el hecho de ser un líder político de oposición;" y Luis Ollarves ha indicado que la sentencia crea "una interpretación muy amplia e ilegítima sobre la naturaleza del mensaje de los dirigentes políticos contra el gobierno," teniendo entonces "por objeto criminalizar e intimidar a la disidencia y viola la libertad de expresión." Véase la reseña de Edgar López, "Sentencia contra López amenaza a todos los líderes de oposición," en *El Nacional*, Caracas 9 de octubre de 2015, en http://www.el-nacional.com/politica/Sentencia-Lopez-amenaza-lideres-oposicion_0_716328542.html#.VhhBGIUCRAU.twitter.

cepciones del estado que definen dos modelos de legitimidad democrática: la de origen y la de ejercicio."

Pero ante estas dos visiones, lo grave fue que no privó la justicia, de manera que estando los expertos lingüísticos utilizados comprometidos con la posición del gobierno, que fue la misma asumida por la Juez, el resultado fue la injusticia manifiesta de la sentencia. Por ello, la semana después de dictada la sentencia la propia experta en lingüística se interrogaba sobre la sentencia, y sobre "el hecho de que la jueza Barreiros haya puesto en su sentencia, (página 263) que yo inculpaba al ciudadano López por la quema de la sede fiscal y de los cuerpos de seguridad," aduciendo que:

> "quien haya tenido acceso a la lectura de la sentencia y de mis declaraciones (plagada, por cierto, de numerosos errores de transcripción), jamás leerá que en mi registro de habla yo me refiriera al Ministerio Público como "sede fiscal" ni al CICPC como "cuerpo de seguridad"; además porque, y esto es lo más importante, no tenía yo pruebas para afirmar ello. Quiero pensar en la buena pro (sic) de la ciudadana jueza quien, quiso parafrasearme junto al añadido de sus propios juicios."[28]

De todo ello resulta la gran lección que nos deja la profesora Álvarez en este libro, como consecuencia de analizar el caso desde el punto de vista lingüístico, al concluir que:

> "Los expertos lingüistas no deberían ser abogados de ninguna de las partes, sino limitarse a examinar y presentar la evidencia lo más objetivamente posible. El análisis debería ser apropiado para cualquiera de las partes e idéntico si se hiciera para la parte contraria. Su rol es simplemente el de examinar y presentar sus análisis del lenguaje en evidencia tan objetivamente como posible. Este análisis debería ser el mismo tanto para la fiscalía como para la defensa. Como se ilustró arriba, la experta lingüista del gobierno no fue objetiva en su reporte. La identificación de las declaraciones de la experta lingüista, de los fiscales y de la juez del caso superan la norma de lo que debería garantizar un veredicto justo."

Este libro, por ello, es la mejor prueba del juicio injusto en el cual se condenó a Leopoldo López, con una sentencia basada en unos expertos lin-

---

28 Véase Rosa Amelia Asuaje: "La responsabilidad y el exfiscal Nieves," en *Panorama.com.ve*, 29 de octubre de 2015, en http://www.panorama.com.ve/opinion/Rosa-Amelia-Asuaje-La-responsabilidad-y-el-exfiscal-Nieves-20151029-0042.html

güísticos comprometidas con la posición del gobierno, que era la de apresar y callar a Leopoldo López.

Lo primero, el régimen autoritario lo logró, condenándolo a prisión, utilizando para ello a un Poder Judicial sometido, enlazando en una acción conjunta a los Fiscales, a los expertos lingüísticos y a la Juez. Este "logro," sin embargo, rápidamente comenzó a hacer aguas y los vicios del paródico proceso de inmediato comenzaron a saltar a la vista. El Fiscal acusador, Franklin Nieves, unas semanas después de dictada la sentencia condenatoria a López, huyó del país y confesó que todas las pruebas en las cuales se basó su acusación fueron falsas, y que el juicio en sí mismo fue una farsa;[29] y la experto en lingüística Rosa Amelia Asuaje, semanas después de dictada la sentencia, indicó que ella solo había formulado hipótesis, que no utilizó "verbos en modo indicativo" y que siempre empleó "el modo potencial para expresar que el ciudadano *podría, estaría en condiciones de...,*" negando que ella hubiese dicho "que López señaló expresamente que había que incendiar la Fiscalía o que había que usar métodos de violencia física, pues ello no constaba ni en la muestra ni en el corpus del material que se me fue dado por la Fiscalía para analizar."[30] Pero lamentablemente ello fue lo que la Juez entendió de su experticia, expresada sin duda en forma sesgada e incluso con argumentos "jurídicos" para permitir condenar a López.

El segundo propósito del gobierno, con el cual también colaboró el Poder Judicial, y que era callar a López, sin embargo ni se logró ni va a ser posible que el gobierno lo logre. Las voces de protesta contra el régimen totalitario no será posible callarlas, y continuarán en las más variadas formas, siendo una muestra más de ello precisamente este excelente libro, donde se analiza desde el punto de vista lingüístico la sentencia condenatoria, que hay que agradecerle a la autora que lo haya escrito.

New York, septiembre de 2016.

---

29 Véase la entrevista al Fiscal Franklin Nieves, hecha por Fernando del Rincón, programa *Conclusiones* en *CNN Español*, 27 de octubre de 2015, en "Exfiscal: Leopoldo es inocente, lo pusieron preso porque temen a su liderazgo," disponible en http://cnnespa-nol.cnn.com/2015/10/27/exfiscal-leopoldo-es-inocente-lo-pusieron-preso-porque-temen-a-su-liderazgo/.

30 Véase en Rosa Amelia Asuaje: "La responsabilidad y el exfiscal Nieves," en *Panorama.com.ve*, 29 de octubre de 2015, en http://www.panorama.com.ve/opinion/Rosa-Amelia-Asuaje-La-responsabilidad-y-el-exfiscal-Nieves-20151029-0042.html.

1. LA SITUACIÓN CONTROVERTIDA

> *Yo dentro de todo agradezco [...]
> que este juicio sea sobre mis discursos,
> porque entonces tendríamos que analizar
> los discursos que yo mismo dije,
> porque ustedes me metieron preso por
> los discursos: analicemos los discursos.*
> (Leopoldo López, Intervención en su juicio)

El año 2014 tuvo en Venezuela un inicio de trágico simbolismo: la noche del 6 de enero, en una carretera del estado Carabobo, fueron asesinados por el hampa común Mónica Spear y su esposo, ante los ojos de su pequeña hija. Bella actriz y ex Miss, Mónica había regresado de Miami a cumplir un trabajo, y a reencontrarse con su gente y los paisajes de su país. Hasta poco antes de su muerte había publicado testimonios fotográficos, que manifestaba entrañables, de su viaje. Su muerte fue un poderoso símbolo: no moría una muchacha sino lo que ella representaba, moría una Venezuela.

Con un acto de violencia privada comenzaba uno de los años más terribles en la historia de violencia pública del país. El 12 de febrero, una manifestación opositora integrada mayoritariamente por estudiantes es reprimida de manera sangrienta por los organismos de seguridad y orden público del estado. Al comienzo de la tarde y casi simultáneamente mueren un estudiante y trabajador, Bassil Da Costa, y un dirigente de un colectivo chavista disidente del régimen, Juancho Montoya. Muchas horas después, ya en la noche, y en un sitio alejado del escenario de los luctuosos hechos de la tarde, es ejecutado por grupos de motorizados desconocidos Robert Redmann, el estudiante que había recogido el cadáver de Bassil Da Costa luego de ser testigo de su asesinato.

Estos hechos abrieron las compuertas de la violencia subsiguiente en una serie de encontronazos de la oposición con el gobierno creando una agitación sin precedentes que, a lo largo de las semanas y meses, elevó la cifra de muertos a 43, la gran mayoría de ellos a manos de los organismos represivos.

A pesar de que el gobierno chavista había sido electo democráticamente en 1998, sobre las sucesivas elecciones ya desde el año 2006 se cernía un velo de fraude electoral, o al menos de coerción hacia los electores en distintas formas —listas negras de opositores, pérdida de empleos y derechos, control de los votantes con violación del secreto del voto y manipulación del horario de cierre de las mesas de votación en los días de los comicios, sistema dudoso de cómputo de los votos— que dejaban dudas sobre la transparencia de los procesos. El manejo autoritario del estado borra la separación de poderes y le otorga cada vez mayor poder al ejecutivo. Así mismo, las prácticas represivas, la hegemonía del PSUV en tránsito al partido político único, y el control de la libertad de expresión y los medios de comunicación, van en detrimento de la imagen democrática del régimen[1]. Las libertades se han ido restringiendo desde el ascenso al poder del chavismo y, en el caso de Leopoldo López, se condena a este político a catorce años de prisión en un juicio por el delito de opinión.

En las elecciones del 2013, realizadas después de la muerte de Hugo Chávez y donde se oponen Nicolás Maduro y Henrique Capriles Radonski, el candidato de la oposición denunció el fraude en un contexto de una situación económica crítica, con un descenso de la producción y el alza del desempleo y la inflación, además de la persecución de los opositores al gobierno. El Consejo Nacional Electoral niega la revisión del único testimonio material que respalda los votos virtuales del sistema de votación informatizado y deja entrever que en la elección de 2013 hay algo que ocultar. Múltiples causas, entre las que sobresale la forma en cómo fue confirmado en la presidencia interina desde la que luego fue candidato, a las que se suman las sospechas de fraude, vulneran la credibilidad del presidente, rodeando a su mandato de un halo de ilegitimidad.

A comienzos del 2014, en un contexto de desaliento por parte de las fuerzas democráticas del país, Leopoldo López anuncia "La Salida". El movimiento emplea un término de múltiples significados que, en la variedad del español hablado en Venezuela significa normalmente 'la solución', pero que también podría referirse al desalojo del gobierno. Sus

---

1   Cf. Jiménez & Hidalgo 2014.

líderes apelan a las fuentes teóricas de la democracia, llamando a un diálogo entre ciudadanos para resolver la crisis. Tales fuentes eran la Constitución de la República Bolivariana de Venezuela y la Declaración de los derechos humanos de las Naciones Unidas. Ambos textos justifican la insurrección en los casos en los que el gobierno actúe contrariamente a la ley^2. La Salida encontró inspiración en la Desobediencia Civil de Henry David Thoreau, citada recurrentemente en las intervenciones del grupo. Thoreau sostenía que el estado no podía mantener más poder del que sus ciudadanos estuvieran dispuestos a concederle, y que en caso de ultra pasar el gobierno ese límite, es un derecho ciudadano el desobedecerlo.

Leopoldo López había sido un alcalde muy exitoso del distrito Chacao de Caracas desde 2000 hasta 2008. Desde el inicio de su mandato atrajo la animosidad de Chávez, quien lo descalifica públicamente desde las cadenas nacionales de radio y televisión. En 2011, un poder judicial cada vez más supeditado al ejecutivo inhabilita a López para ocupar cargos públicos hasta el año 2014. Es entonces, ya bajo el gobierno de Maduro, cuando se le atribuyen cargos de incendio y conspiración y se le hace responsable de la violencia suscitada después de una manifestación convocada por él como líder del partido Voluntad Popular, de oposición al gobierno. Finalizada la marcha, un grupo de estudiantes enfurecidos por las muertes provocadas por las fuerzas del gobierno momentos antes, apedrean el edificio de la fiscalía. López se había retirado del sitio de la manifestación hacía largo rato.

Lo que Chávez había presentado como la primera "revolución bonita" de la historia, no podía dejar de aparentarlo. Era necesario situar la responsabilidad de la violencia y los asesinatos en un locus externo a ella: Leopoldo López, sin duda el más carismático de los líderes opositores a Chávez y al chavismo. Su responsabilidad: haber hablado contra el gobierno con claridad y elocuencia.

Sin evidencia material en contra de López sobre la cual armar una acusación creíble, el gobierno opta por hacerlo responsable intelectual de los supuestos crímenes. El foco de la acusación se centra entonces en sus discursos, en su condición de líder carismático que en todo momento subraya, y en su capacidad de convocatoria que igualmente pone de relieve. El centro de la disputa lo constituye el movimiento creado por Leopoldo López, acompañado de María Corina Machado, líder de Vente Venezuela y de Antonio Ledezma, Alcalde Metropolitano de Caracas electo en 2013,

---

2   *Cf.* Brewer Carías (2004), Hernández (2012).

líder de Alianza Bravo Pueblo. Ledezma es apresado en 2015 por cargos de conspiración y hoy cumple casa por cárcel.

Las anomalías procesales de gran porte que rodearon el juicio a Leopoldo López y determinaron su condena a casi catorce años de prisión, han sido objeto de extensas consideraciones por los especialistas y han pasado a ser mundialmente conocidas; en su mayoría escapan al objeto específico de este libro. Por ello, sólo cabe aquí señalar que el juicio a Leopoldo López y a tres estudiantes que lo acompañaban ese día— Christian Holdack, Demien Martín y Ángel González— se hizo a puertas cerradas, sin público presente y sin medios de comunicación. Al acusado se le cercenó severamente su derecho a la defensa. No se permitió a sus abogados presentar ni expertos, ni testigo alguno. De igual manera se procedió en la instancia de apelación fallada en 2016 con la ratificación de la condena.

El juicio a Leopoldo López fue entonces un juicio a la palabra, con lo cual los círculos del derecho procesal penal y de la lingüística se entrelazan, adquiriendo esta última una responsabilidad ética que evadía en la torre de marfil. Se intentó mostrar que su palabra de líder llevó a la violencia callejera suscitada el día 12 de febrero de 2014 al establecerse una relación causa-efecto entre el discurso del orador y los hechos acaecidos en Caracas. La acusación se basó en sus discursos y sus tuits, que constituyeron el cuerpo del delito. Como en *1984* de Orwell, las palabras fueron el centro de la disputa. El derecho de opinión se tradujo en delito contra el estado.

La fiscalía llamó a dos profesores de la Universidad de Los Andes para que sirvieran de expertos forenses. Una de las experticias se hizo sobre cinco discursos del dirigente, grabados en videos, y la otra sobre sus tuits. Ambas experticias fueron citadas, tanto por los fiscales de la acusación como por la juez encargada de la sentencia definitiva, cuyo fallo se articula íntegramente sobre ellas.

La controversia relacionada con las ideas de Leopoldo López no ha terminado. Para el día en que se escribe este texto, el líder todavía está en prisión, al igual que Antonio Ledezma. El gobierno sigue violando la constitución y los derechos humanos de los venezolanos y entre ellos, en destacado lugar, el derecho a ser juzgados por un poder judicial independiente y el derecho a la defensa.

Este libro está dirigido a un público interesado en el caso, pero no necesariamente versado en la jerga de la lingüística. Se ha tratado de evitar los términos técnicos y, en caso de que su uso fuera necesario, de explicarlos de la manera más sencilla posible para que pueda llegar a un público culto pero no especializado.

El capítulo 1 versa sobre la forma de los discursos de López, cómo se estructuran y qué recursos retóricos usa. El capítulo 2 muestra las voces que, como en un coro, se pueden oír en sus discursos. El capítulo 3 se enfoca sobre la visión forense del uso que hace López del lenguaje y de lo que le acusa la fiscalía. El capítulo 4 estudia la acusación que se le hace sobre los tuits que según la fiscalía generaron violencia. El capítulo 5 muestra los discursos incompatibles, el del acusado y el de la acusación, que se oponen en el caso Leopoldo López, no el único, pero sí, por la repercusión mundial de su caso, el preso político más emblemático de Venezuela.

2. ESTRUCTURA Y FUNCIÓN DE LOS DISCURSOS DE CALLE[3]

La única cita que hace el Ministerio Público es una cita cuando el señor López dice tenemos que salir a conquistar la democracia, claro que lo dijo, yo quisiera encontrar una frase en la historia de Venezuela que tenga un contenido más democrático, mas pacifico, mas jurídico que esa.
Juan Carlos Gutiérrez, Sentencia Condenatoria.

Todo texto tiene una estructura, aún nuestras conversaciones cotidianas la tienen. Los saludos, las despedidas, las condolencias, los chismes, los sermones, los discursos políticos tienen formas más o menos fijas que permiten a los hablantes reconocerlas y comprenderlas más efectivamente. El aprendizaje de la lengua comprende el aprendizaje de esas estructuras; el hablante de una lengua reconoce el género del discurso apenas lo oye porque reconoce, a partir de su cultura y en el contexto de la situación, pero también en el tono y la intensidad de la voz y en la estructura del texto que se va tejiendo, de qué se trata.

Los discursos políticos se asemejan a lo que en la escritura conocemos como ensayos, porque se trata de exponer un asunto y presentar el punto de vista del orador, lo que lleva implícita la intención de convencer al auditorio pues de eso se trata en la política: de ganar adeptos a una idea.

Los textos políticos —como los ensayos en la escritura porque son textos formales en los que el hablante pone atención especial a lo que dice— tienen generalmente tres grandes secciones: el inicio, el desarrollo

---

3   Gran parte de este trabajo fue publicado en Álvarez-Muro (2016.a)

y el cierre. Cada una de estas secciones tiene características distintas y funciones diversas. En el inicio, el orador llama la atención del auditorio y se asegura que la comunicación fluya; a veces adelanta los temas que va a tratar en el desarrollo. Generalmente se trata de temas de urgencia, de justificación y de interés. El cierre suele ser más formal, o incluso solemne.

En este capítulo analizamos la estructura de dos discursos de Leopoldo López y la función de cada una de sus secciones. Se trata de dos discursos paradigmáticos, puesto que en ellos expuso sus ideas sobre la necesidad de retornar al estado de derecho y reconstruir el tejido social en la Venezuela que para ese momento ha transitado por dieciséis años de chavismo.

El primero de los discursos dio a conocer las bases del movimiento conocido como La Salida que refiere al derecho a la desobediencia civil cuando el gobierno actúa en detrimento de los ciudadanos. El segundo discurso corresponde al 12 de febrero de 2014, antes de una marcha convocada por López que fue reprimida por la dictadura. Después de terminada la marcha, cayeron asesinadas tres personas en manos de las fuerzas gubernamentales, y se inició un período de represión por parte del gobierno que no ha terminado aún.

Los dos discursos se diferencian en su estilo, porque los temas que se tratan son distintos. Por ende, también es disímil la función y el propósito de esas intervenciones. En el primero se expone la justificación de La Salida en la doctrina de la democracia, en el segundo se arenga a la audiencia para marchar ese día por la urgencia de la situación. Por las diferencias de contexto entre uno y otro discurso se observa la diferencia en los estilos. El primero es más explicativo y racional; el segundo más emotivo y solemne.

También son distintos los inicios y los cierres. Los inicios son generalmente más escuetos y directos que los cierres, donde el orador se permite introducir elementos de mayor efectividad y solemnidad[4].

2.1. ¿Qué es el discurso político?

La política se ha definido como "la aspiración a participar en el poder o a influir en la distribución del poder entre los distintos Estados o, dentro

---

4 *Cf.* Cortés Rodríguez (2014b) relacionado a los discursos parlamentarios. Aún cuando se trata de contextos diferentes y de discursos con distinto propósito, se puede aplicar su teoría a los discursos de calle.

de un mismo Estado, entre los distintos grupos de hombres que lo componen"[5]. Es una actividad que tiene que ver con el poder, generalmente con la dirección del estado, o de un partido político o incluso de grupos menores como un sindicato, una empresa o una junta de condominio. Otros la han definido como la lucha por el poder entre quienes buscan afirmarlo y mantenerlo, y quienes tratan de resistirlo[6].

En este género discursivo se cuentan los textos orales o escritos producidos por aquellos actores sociales que participan activamente en la conducción de una sociedad organizada institucionalmente o que aspiran a su conducción, por lo tanto, dirigen su acción y su palabra en ese sentido[7]. Los políticos generan entonces mensajes, implícitos o explícitos, con carácter persuasivo y admonitorio, en relación con la distribución y el uso del poder en la sociedad.

El discurso político es informativo, compromisorio, y programático porque se trata de describir los planes de acción en las diferentes áreas del quehacer social, económico y político. Por ello se ha dicho que este género de discurso es manipulador en el sentido de que se trata de 'operar' de 'actuar sobre algo o alguien'. Ello implica desde mover su afectividad, incidir sobre sus representaciones sociales —sus valores y creencias— y llevarlos a respaldar a su tendencia política, o su grupo político o ideológico.

Entre las funciones del discurso político, se postulan las de *coerción, resistencia, oposición y protesta*[8] según la posición que se ocupe con respecto al poder: coerción si se tiene el poder, resistencia, oposición y protesta en caso de que se aspire al poder o se trate de expresar disconformidad, antagonismo o rebeldía ante quienes lo ejercen. Sería indispensable añadir a estas funciones también la de *conciliar*, que se hace necesaria en condiciones de controversia y conflicto.

2.2. Los discursos de Leopoldo López

Los discursos de Leopoldo López estudiados aquí pertenecen al género del discurso político y puede considerarse que cumplen funciones de resistencia, oposición y protesta.

---

5   Weber, M. La política como vocación. CITA
6   Chilton 2004: 5.
7   Chumaceiro 2003: 11.
8   Chilton y Schäffner 2000: 305-306.

Las piezas oratorias de gran tamaño pueden segmentarse en unidades menores de procesamiento. Si tomamos la secuencia completa como unidad principal de análisis, el inicio, desarrollo y cierre serían las subunidades o sub-secuencias de esta secuencia mayor. Los inicios y cierres conforman unidades temático-textuales, es decir, unidades textuales en las que se trata un cierto tipo de tema de carácter recurrente.[9]

En la sub-secuencia de *inicio*, se intenta captar el interés del público y ganar la confianza de los hablantes; se favorece la claridad. Los primeros minutos de una intervención son importantes porque es el momento en que el orador capta el interés de la audiencia y expone lo que va a tratar. Los temas que se tratan en esta sección inicial son generalmente el tema de urgencia, de justificación del discurso, de interés y de adelanto de las partes del desarrollo. Su estilo es generalmente directo y claro.

Los cierres en cambio recurren al ornato y a la solemnidad que no se dan en el inicio. Esa solemnidad se logra a partir tanto de elementos de la entonación, como también por el uso de figuras retóricas y otras que no se encuentran en los inicios de estas piezas oratorias. Los cierres dan lugar a un lenguaje más cuidado, más elegante y por ello más solemne. Se trata de cerrar el discurso y dejar una huella en la memoria de la audiencia y por lo tanto son una sección muy importante del discurso político.

Un elemento que nos interesa en el discurso de Leopoldo López es precisamente el empleo de las repeticiones, como series enumerativas para mover el ánimo de los oyentes porque se trata de elementos de énfasis y de ornato. La repetición es un elemento formulario muy significativo[10].

Asimismo son importantes las llamadas *incidencias*[11] que se definen como las manifestaciones del público que se suman a la palabra del orador para su contento o su pesar y que pasan a formar parte del hecho discursivo. Es la voz de los interlocutores que hacen llegar su opinión por medio de aplausos, rumores, risas, protestas, voces individuales o incluso coros. Como puede verse algunas son de desaprobación como las protestas y pueden serlo las risas o los agravios, pero también pueden ser de aprobación como los aplausos y formas cuasi-corales como se recuerdan

---

9   *Cf.* Cortés Rodríguez 2014a y 2014b para el tratamiento de la estructura y función de los discursos políticos.
10 Álvarez Muro 2008.
11 Cortés Rodríguez 2015.

en los discursos de Martin Luther King y que encontramos en el discurso de Leopoldo López del 12 de febrero de 2014.

El aplauso ha sido considerado como una manifestación de identidad de grupo, por medio del cual se elogia lo que dice el portavoz, puesto que requiere la coordinación del grupo si se pretende que sea eficaz. Es posible que el político busque momentos clave de su discurso para su producción, que se propicia mediante mecanismos o temas determinados[12].

2.3. Dos textos

Los textos que aquí presentamos fueron ambos tomados de la red y transcritos desde los videos que allí aparecen. Son dos de las intervenciones de Leopoldo López sometidas a experticia forense en el juicio en su contra. Los presentamos aquí y no en anexo en primer término para hacerles justicia, no solo por su valor intrínseco sino porque ellos son la causa de la prisión de Leopoldo López. En segundo lugar, para que el lector pueda seguir la argumentación del libro con mayor facilidad.

Por tratarse de textos orales no empleamos para señalar signos ortográficos para señalar pausas, sino que señalamos las pausas cortas con barra oblicua (/) y las largas con doble barra (//). Con ello tratamos de ser fieles a las "líneas" del habla oral y mostrar cómo el hablante agrupa el hilo fónico en unidades de información. De esta manera, favorece el procesamiento de la información que le llega al oyente.

TEXTO 1. ALOCUCIÓN DEL 23 DE ENERO DE 2014 [13]

Bueno muchísimas gracias//

Gracias a todos los venezolanos que hoy nos están escuchando/ que nos están viendo/ que nos acompañan/ venezolanos que están en todos los rincones del territorio nacional/ venezolanos que saben que Venezuela necesita un cambio/ que tenemos que transitar hacia un cambio de sistema/ no sólo un cambio de gobierno/ un cambio de modelo//

Hoy es veintitrés de enero//

Todos los veintitrés de enero celebramos algo que hoy queremos recordar/ la esencia de la rebelión de un pueblo/ la esencia de que

---

12 Cortés Rodríguez 2015.
13 Tomado de https://youtu//be/NXxRzgoMECg. Consulta: 11 de noviembre de 2015

los pueblos se pueden levantar ante la opresión/ la esencia de que los pueblos tienen el derecho ante un gobierno que busca la imposición/ el autoritarismo/ la antidemocracia/ la corrupción y la ineficiencia como forma de gobierno//

Hoy veintitrés de enero/ que el gobierno dice celebrarlo también/ nosotros que estamos en la oposición también lo celebramos y tenemos que tener claro qué es lo que se celebra// Se celebra sí el inicio de la democracia// Pero el veintitrés de enero de mil novecientos cincuenta y ocho lo que ocurrió fue que un pueblo se alzó/ que un pueblo se levantó/ que un pueblo dijo ya basta/ que un pueblo dijo desde las calles tenemos que salir a conquistar la democracia//

La democracia en el cincuenta y ocho no se conquistó sola/ se conquistó luego de años de lucha/ años de resistencia/ de presos políticos/ de muertos/ de persecución/ de engaño/ de militarismo y antidemocracia// Y hoy/ años después/ más de cincuenta años después/ Venezuela también está sometida a lo mismo que estaba sometida en mil novecientos cincuenta y ocho: al sometimiento de un gobierno que pretende tener la verdad en sus manos/ al sometimiento de un gobierno que usa el poder para someter/ al sometimiento de un gobierno que utiliza la mentira/ al sometimiento de un gobierno que utiliza la intimidación/ la cárcel/ el autoritarismo/ la fuerza pública para querer callar a un pueblo//

Nosotros desde las ventanas que nos estén escuchando/ desde los medios que nos puedan estar escuchando/ las radios/ la televisión/ la prensa escrita que pueda salir mañana invitamos al pueblo venezolano a levantar el espíritu de lucha// A levantar el espíritu de lucha//

Y hoy lo decimos como venezolanos preocupados por lo que está ocurriendo/ y lo queremos decir muy claro: nos oponemos a este gobierno/ nos oponemos a este sistema/ nos oponemos a todo lo que representa la antidemocracia// Nos oponemos al modelo económico que tiene sometido al pueblo/ nos oponemos al hecho de que en los años de mayor bonanza petrolera/ este año dos mil catorce se cumplen cien años de país petrolero/ y en cien años de país petrolero ésta ha sido la bonanza más pronunciada// El precio del petróleo por encima de los noventa dólares durante los últimos ocho años/ pero paradójicamente/ los años también de mayores niveles de inflación de mayores niveles de desempleo/ de colas/ de desabastecimiento/ de desempleo y falta de oportunidades//

No hay joven en Venezuela hoy que no esté pensando en la posibilidad de irse de Venezuela// No hay joven en Venezuela hoy que no esté pensando en su futuro incierto de ir a la universidad y saber que no van a tener una oportunidad de empleo/ no hay joven en Venezuela que esté pensando en la posibilidad de salir a las calles y estar tranquilo// Y si los jóvenes están con esas preocupaciones/ también lo están sus padres/ también lo están sus abuelos// También está el pueblo que sabe que con este gobierno no hay futuro//

Nosotros/ venezolanos/ estamos comprometidos con un cambio/ estamos comprometidos con la democracia/ con la constitución/ pero sobre todo estamos comprometidos con el pueblo/ y le queremos decir a los venezolanos que el gobierno hará lo que quiera hacer/ que el gobierno hará todo lo que esté a su disposición/ utilizar el recurso petrolero de todos los venezolanos para someternos/ utilizar su intimidación para querer callar a los medios/ utilizar a la fuerza pública para intimidarnos//

Pero no van a acallar nuestro espíritu de lucha/ no van a someter nuestra rebeldía de querer cambiar lo que hoy significa un gobierno de opresión/ un gobierno de antidemocracia/ un gobierno profundamente ineficiente/ un gobierno culpable de todos los males que hoy estamos viviendo//

Es el gobierno el responsable de la crisis económica/ es el gobierno el responsable de la inseguridad/ es el gobierno el responsable de la desesperanza/ es el gobierno el responsable de la falta de oportunidades//

Y siendo el gobierno/ que nosotros no sólo hablamos del ejecutivo/ hablamos del sistema/ el responsable de todos los males que está padeciendo el pueblo venezolano/ nosotros asumimos lo que nos corresponde/ que es la convocatoria a la lucha/ a luchar/ a soñar/ a soñar con optimismo pero a soñar también con la fuerza de saber que estamos entrando en una etapa de riesgos porque el gobierno sigue afincándose con su pretensión de persecución//

No nos importa cómo nos califique el gobierno porque ellos no son los dueños de la verdad/ para nosotros lo importante es el pueblo que quiere cambio/ nosotros hoy queremos hacer un llamado a los venezolanos: mujeres/ hombres/ jóvenes/ gente de la juventud prolongada/ indígenas y criollos/ blancos y negros/ mujeres y hombres a que nos alcemos ante lo que significa un gobierno que quiere impulsar la opresión de nuestro pueblo//

¿Y qué significa el alzamiento? Para que no nos malinterpreten y no pongan luego palabras que nosotros no estamos diciendo/ el alzamiento significa primero que nada el alzamiento de la conciencia/ el alzamiento de nuestro espíritu de lucha/ el alzamiento de nuestra vocación de cambio/ el alzamiento que hoy/ veintitrés de enero/ tenemos que reivindicar/ de que un pueblo sí puede salir a la calle//

Desde que los pueblos son pueblos/ desde que la historia es historia/ existe ese derecho de los pueblos de decir "queremos cambiar"/ y nosotros queremos cambiar; no estamos de acuerdo con el modelo económico que está impulsando el gobierno//

La semana pasada/ Nicolás Maduro dice que no devalúa y ayer devalúan prácticamente un cuatrocientos por ciento la moneda// El gobierno dice que los responsables de la violencia son las telenovelas y las comiquitas/ y la fiscal general de la república en su presentación ante la asamblea nacional no habla de la impunidad// El gobierno dice que la guerra económica es responsabilidad de los empresarios y los productores/ cuando la realidad es que hoy estamos los venezolanos padeciendo lo peor de un manejo económico por culpa del gobierno//

Y es por eso que nosotros invitamos al pueblo venezolano/ a todos los que quieran cambio/ a todos los que quieran que Venezuela pueda mejorar/ a todos los que sueñen con una Venezuela de paz/ con una Venezuela de bienestar/ con una Venezuela de progreso/ a todos los venezolanos que saben que podemos estar mejor/ a todos los venezolanos que saben que podemos tener un país de oportunidades/ un país de empleo/ de progreso/ un país de democracia/ de igualdad ante la ley/ un país de justicia/ un país en donde una madre que le matan un hijo cuando encuentre un fiscal no se encuentre con otro delincuente que le pida quince mil/ veinte mil bolívares a ver si le tramitan el caso de su hijo// Una Venezuela donde los jueces puedan tratar a todos por igual/ una Venezuela en donde la democracia sea la esencia de los derechos para todas las personas/ todos los derechos para todas las personas/ no parte de los derechos para parte de las personas//

Hoy en Venezuela hay una cúpula corrupta/ hoy en Venezuela hay una élite que se ha secuestrado el estado venezolano/ una élite que se ha hecho multimillonaria/ una élite que a las espaldas del pueblo/ le ha robado las riquezas que le pertenecen a todos los venezolanos// Y esa élite que hoy está gobernando/ que se dice llamar revolucionaria/

que se dicen llamar los agentes del cambio son los responsables de los males que padece nuestro pueblo//

Y es por eso que nosotros no vamos a claudicar nuestros derechos/ nuestro sacrosanto derecho de decir "basta ya"/ nuestro sacrosanto derecho de decir/ como decía Betancourt por allá en los años cincuenta que nosotros nos encontraremos en las calles/ que nos encontraremos con el pueblo/ que nos encontraremos con la fuerza de un pueblo que quiere cambiar y sabemos que este anuncio será presentado por el gobierno como un llamado a algo distinto que la profundización de la democracia//

Pero le decimos a los venezolanos que no caigamos en engaños/ que no nos importa cómo el gobierno quiera interpretar lo que estamos diciendo porque para nosotros lo importante es el pueblo venezolano/ ese pueblo que quiere cambio/ ese pueblo que quiere una mejor Venezuela/ ese pueblo que hoy está frustrado/ que está desesperanzado/ que parece no ver una salida al desastre al que hoy estamos sometidos/ le decimos a los venezolanos: sí se puede/ sí se puede tener una mejor Venezuela//

Sí se puede pero te necesitamos hermana/ te necesitamos hermano/ te necesitamos primero que nada con la convicción de tu corazón/ con la convicción de tu alma/ con la convicción de tus acciones// Y es por eso que convocamos nosotros al pueblo venezolano a decir "basta ya"//

Nosotros no sabemos cuándo se va a producir el cambio/ no sabemos si será en un mes/ en un año/ en dos años/ pero lo que sí sabemos es que si no comenzamos hoy/ ese cambio no va a llegar/ que si no comenzamos hoy ese cambio jamás llegará a las puertas del destino de los venezolanos// Y es por eso/ es por eso que nosotros hoy veintitrés de enero/ no hay fecha/ no hay fecha más oportuna/ para hacer un pronunciamiento como éste/ en donde hoy se celebra la rebelión del pueblo/ en donde hoy se celebra la calle como espacio de lucha/ en donde hoy se celebra la fuerza de un pueblo que estuvo dominado/ que estuvo aplastado/ que estaba desesperanzado por la disposición de un gobierno que vendía grandes cambios en el ámbito económico/ que vendía una supuesta estabilidad/ pero que abajo en el pueblo faltaba la esencia/ faltaba la libertad/ la libertad de poder decir y hacer lo que quisiéramos/ de poder decir y hacer lo que estuviera en nuestras conciencias//

Hoy Venezuela está sometida a la oscuridad/ y la claridad está en nuestras manos/ la claridad de un mejor futuro está en las manos de las mujeres y hombres que saben que podemos cambiar// Y es por eso que nosotros estamos conscientes que hay distintos espacios de lucha/ pero hay uno al cual nosotros no vamos a renunciar que es la calle// Y en ese sentido nosotros queremos decirles a los venezolanos que a partir de este momento vamos a iniciar un ciclo de asambleas de calle en todo el territorio nacional/ asambleas de calle con una meta/ con un tema a discutir: la salida/ cuál es la salida a este desastre//

Nosotros creemos que la convocatoria de una salida política no es solamente con organizaciones políticas/ no es solamente en un espacio restringido// Esa discusión sobre hacia dónde va a ir Venezuela/ tiene que convocar a un pueblo// Tenemos que escuchar al pueblo venezolano/ tenemos que debatir/ tenemos que incorporar ese sentimiento de frustración/ de esa vocación de cambio que tiene el pueblo venezolano// Es por eso que nosotros en estas asambleas de calle que queremos que se den y se van a dar en todo el territorio nacional/ en las ciudades/ en los pueblos/ en los barrios/ en las urbanizaciones/ vamos a debatir sobre eso/ la salida//

¿Y qué salida estamos proponiendo nosotros? Nosotros estamos conscientes que la salida tiene que ser primero que nada popular/ popular con la gente/ gente/ gente/ gente que quiera la salida/ gente que quiera ser la fuerza de un pueblo que busque cambio// Segundo una salida democrática y tercero/ una salida dentro de la constitución// Existen distintas herramientas que nos ofrece la constitución y nosotros debatiremos con el pueblo cuál de esas herramientas es la más oportuna/ cuál de esas herramientas nos podrá encauzar hacia un cambio lo antes posible/ hacia un cambio lo más profundo/ lo más democrático/ y que nos permita avanzar hacia una mejor Venezuela//

El próximo domingo dos de febrero nosotros tendremos una jornada nacional de asambleas de calle/ una jornada nacional que queremos y se va a repetir en todo el territorio nacional// Y en esta jornada de asambleas de calle impulsaremos este debate/ este diálogo/ este encuentro con el pueblo/ este encuentro con un pueblo que quiere cambio/ este encuentro con los venezolanos que saben que podemos estar mejor/ este diálogo con los venezolanos que quieren cambio//

Este diálogo con los venezolanos que saben que no se justifica tocarle la puerta a un hospital y que digan que no hay insumos/ el diálogo con un pueblo que sabe que no se justifica hacer colas durante siete horas para conseguir dos pollos/ un pueblo que sabe que no se justifica que maten a un familiar y que no haya respuesta/ el pueblo que sabe que no se justifica tener un gobierno que robe y robe y no pase nada/ el diálogo con un pueblo que sabe que nosotros tenemos la obligación de señalar a los culpables/ de señalar a los responsables/ pero también tenemos la obligación de conducir hacia un cambio y ese cambio tiene que convocar a millones/ y somos millones/ somos millones de venezolanos los que quieren cambio/ somos millones de venezolanos que estamos conscientes de que hoy Venezuela no está por el camino correcto/ de que hoy Venezuela tiene que cambiar//

Así que Venezuela/ hermanas y hermanos de todo el territorio nacional/ los que nos estén escuchando por donde nos estén escuchando los invitamos a salir a las calles a este debate/ a este encuentro/ a las asambleas de calle// No esperen que los convoquemos nosotros/ salgan a las calles a este debate// En su urbanización/ en su barrio y en su caserío/ con su gente y en el trabajo// En todos los rincones/ en el carrito/ en el metro/ en la calle salgan a hablar sobre la salida//

Venezuela necesita una salida; nosotros no sabemos qué oportunidad tendremos en el futuro/ lo que sí sabemos es que hoy tenemos la oportunidad de hacer este pronunciamiento/ de que hoy/ veintitrés de enero del año dos mil catorce asumimos la responsabilidad del espíritu de lucha que abrió las puertas hacia la democracia en el siglo veinte// Y que hoy nosotros tenemos esa misma responsabilidad de encender la llama de la fuerza de un pueblo que sabe que podemos estar mucho mejor/ de la mano con el pueblo/ de la mano con mujeres y hombres de lucha/ de la mano con jóvenes/ con estudiantes/ con trabadores/ con las víctimas de la violencia de la mano con los desesperanzados que tienen esperanza/ de la mano con los que no ven el cambio pero que tienen en su corazón la vocación de que las cosas cambien nosotros vamos a ir creando esta fuerza/ esta fuerza de cambio a la cual convocamos a todo el pueblo venezolano//

Muchísimas gracias hermanos de Venezuela/ hermanas de Venezuela: hoy más que nunca/ hoy más que nunca/ hoy más que nunca impulsemos la vocación de lucha pacífica/ popular/ constitucional y democrática// El mensaje que nosotros le traemos a todos los venezo-

lanos y vamos a replicar en todo el territorio nacional// A la lucha pueblo venezolano/ a la lucha con fuerza/ con fe para lograr que Venezuela pueda impulsar el cambio que los venezolanos sabemos que merecemos// Muchísimas gracias/ y abiertas las preguntas//

TEXTO 2. ALOCUCIÓN DEL 12 DE FEBRERO PREVIO A LA MARCHA ESTUDIANTIL[14]

(*En cursiva se registran las respuestas de la multitud*).

Buenos días buenos días Venezuela/ buenos días los que estamos en Caracas y los que están en toda Venezuela// Hoy esta manifestación se está dando en todo el territorio nacional// Somos decenas de miles/ vamos a ser cientos de miles y somos millones de venezolanos los que queremos el cambio político en Venezuela//

¡Que viva Venezuela! Que viva Venezuela y que vivan las mujeres y hombres que hoy estamos convencidos de que Venezuela tiene que cambiar//

Y yo quiero comenzar haciéndole un reconocimiento a los jóvenes venezolanos// A los jóvenes venezolanos que hoy están en las calles/ pero muy especialmente a los que han sido reprimidos/ a los que hoy están presos/ a los que han sido heridos de bala/ a los que han sido reprimidos por la guardia/ por el ejército/ por la policía y por los grupos irregulares del gobierno// Le queremos decir a esos jóvenes que no están solos// Sus padres/ sus abuelos y toda Venezuela está con los jóvenes venezolanos//

Hoy Día de la Juventud deberíamos estar celebrando una Venezuela llena de oportunidades/ deberíamos estar celebrando la juventud hacia el futuro// Pero lamentablemente hoy nuestros jóvenes se preguntan ¿qué voy a hacer yo en el futuro aquí en esta patria?

Y nosotros hoy queremos reivindicar el derecho que tienen los jóvenes y todos los venezolanos de luchar/ de estar en la calle/ y de construir un futuro que hoy nos están robando//

Hoy lamentablemente Venezuela está viviendo uno de los peores momentos de nuestra historia: escasez/ colas/ no alcanza el salario/

---

14 Discurso del 12 de febrero de 2014//https://youtu//be/zV1Qj4rf3Cg/ Consulta 12 de noviembre de 2015.

inseguridad/ impunidad/ narcotráfico metido en el gobierno/ corrupción/ la entrega de nuestro país a intereses extranjeros//

Hoy estamos viviendo un momento oscuro de nuestro país// Todos esos problemas/ la escasez/ la inflación/ la inseguridad/ la falta de oportunidades/ tiene un culpable: el gobierno// Tiene un grupo que es responsable de todo lo que está pasando//

¡Qué contradicción/ hermanas y hermanos! En medio de la bonanza petrolera más grande que ha tenido la historia de Venezuela/ tenemos la más alta inflación// En medio de esta bonanza petrolera tenemos la más alta escasez/ en medio de esta bonanza petrolera tenemos el más alto desempleo para nuestros jóvenes//

¿Y saben por qué? Porque aquí en Venezuela se pretende instalar y se ha venido avanzando un modelo equivocado// Un modelo que no es que nos está acercando al barranco/ ya Venezuela se está cayendo por un barranco// Ya no es que vamos cerca a estar en la crisis/ ya hoy Venezuela está en una profunda crisis//

Y si el problema que hoy padecen los venezolanos es culpa del gobierno/ y si el gobierno nos dice que no quiere cambiar el modelo/ esto es un deber moral/ como un deber patriota/ como un deber nacionalista/ porque de no hacerlo/ de no hacerlo hoy ¿cuándo? ¿Y si no somos nosotros/ quienes? Por eso es que hoy más que nunca nosotros queremos reivindicar el derecho convertido en deber de estar en las calles de Venezuela//

Ya este movimiento es necesario/ es en la calle y con la protesta en la calle que nosotros podremos activar una salida a este desastre//

Fíjense cómo hemos llegado hasta acá// Hasta que liberen a los presos de Táchira/ de Nueva Esparta y de Mérida//

Yo no quiero vivir secuestrado// Esta es una lucha del pueblo contra el Estado// Esta es una lucha de millones contra los que han secuestrado el poder que debe de pertenecer al pueblo venezolano// No va a hacer fácil//

No los estamos invitando a que la salida se va a dar en un día o en dos// Los estamos invitando a la lucha/ los estamos invitando a la calle/ los estamos invitando a que ustedes sean parte de este cambio// Y les quiero decir que esa invitación no es una invitación ajena de riesgos//

Todos vamos a //mejor que en el futuro a no tener respuesta//

¡No tenemos miedo!

Y como dicen/ "no tenemos miedo"// No tenemos miedo de estar en la calle y estamos en la calle// Yo les pregunto a ustedes/ hermanas y hermanos ¿Se puede o no se puede?

¡Si!

Que se escuche ¿Se puede o no se puede?

Si se puede/ sí se puede/ sí se puede

Bueno yo quisiera/ yo quisiera////// ¡Sí se puede/ sí se puede!

¡Sí se puede!

Yo quisiera pedirles a todos los que estamos acá a que asumamos el compromiso de seguir multiplicando/ de seguir creciendo/ de seguir avanzando en la conquista de ese cambio político que nos pertenece// Y les pido que alcemos nuestra mano derecha y digamos:

"Nosotros/ venezolanos y venezolanas/ "Nosotros/ venezolanos y venezolanas/

comprometidos con nuestra historia / *comprometidos con nuestra historia/*

de lucha por la libertad/ *de lucha por la libertad*

comprometidos hoy Día de la Juventud/ comprometidos hoy Día de la Juventud/

con el futuro de nuestros hijos/ *con el futuro de nuestros hijos*

asumimos el compromiso de tener vocación de cambio/ asumimos el compromiso de tener vocación de cambio//

la entrega y la determinación/ la entrega y la determinación/

hasta lograr el cambio político/ hasta lograr el cambio político/

el cambio social/ *el cambio social/*

que se merece Venezuela// Que se merece Venezuela//

¡Que viva Venezuela! //¡Que viva Venezuela! //

¡Que viva el futuro de Venezuela! //¡Que viva el futuro de Venezuela! //

¡Que vivan nuestros jóvenes!// *¡Que vivan nuestros jóvenes!*///

Y salgamos hoy/ salgamos/ salgamos a caminar con firmeza/ con fuerza/ asumamos la no violencia/ nuestro terreno/ la calle; nuestra la lucha/ la no violencia// Que Dios los bendiga! // Muchísimas gracias//

2.4. Estructura y función de los discursos

Veamos ahora la estructura de los dos textos; seguidamente los temas de estas partes y sub-partes; las intervenciones o incidencias generadas por el público; finalmente nos referimos a algunas figuras encontradas en estas secciones. Como dijimos antes, los inicios y los cierres son secciones fundamentales en estas piezas para causar impacto en el auditorio. En el inicio se atrae la atención del público y se anuncian los temas a tratar. Los cierres son contundentes y buscan permanecer en la memoria de los oyentes. El desarrollo, o el cuerpo del discurso, se despliega y argumenta sobre los temas anunciados en los inicios.

El primero de los discursos que analizamos aquí puede considerarse como una proclama. Es el pronunciamiento se lleva a cabo como conmemoración del 23 de enero de 1958, cuando se derrocó la dictadura de Marcos Pérez Jiménez que había durado diez años. La fecha sirve para la reflexión porque Venezuela se encuentra nuevamente en dictadura, por lo tanto puede considerarse una conmemoración, pero no una celebración. La democracia se ha perdido y hay que recuperarla.

Se trata un discurso televisado donde López está acompañado por algunos representantes de la oposición; a su lado están María Corina Machado, dirigente del partido Vente Venezuela, quien presenta a López, el Alcalde Antonio Ledezma y, además, un grupo de opositores al gobierno que Machado describe como "diputados, dirigentes políticos, dirigentes sindicales, dirigentes estudiantiles, ciudadanos todos". Después de la presentación de María Corina Machado, López asume la tarea de hablar en su propio nombre y el de los presentes. Estas personas representan además, cada una a un grupo en particular: partidos, sindicatos, grupos estudiantiles.

El discurso está dirigido en primer lugar a los televidentes, a los lectores de la prensa del día siguiente, pero además a todos los compatriotas que comparten con los presentes el tema de la urgencia: Venezuela necesita un cambio:

> *[...] desde las ventanas que nos estén escuchando/ desde los medios que nos puedan estar escuchando/ las radios/ la televisión/ la prensa escrita que pueda salir mañana//*
>
> *[...] a todos los venezolanos que hoy nos están escuchando/ que nos están viendo/ que nos acompañan/ venezolanos que están en todos los rincones del territorio nacional/ venezolanos que saben que Venezuela necesita un cambio//*

El segundo de los discursos se lleva a cabo como conmemoración de una batalla de la guerra de la independencia, cuando José Félix Ribas armó estudiantes de colegios y seminarios para luchar contra José Tomás Boves, un general español. Los estudiantes recibieron refuerzos patriotas y vencieron, por lo cual se considera el 12 de febrero como el Día de la Juventud.

Ya para la fecha del discurso de Leopoldo López hay estudiantes presos, de modo que su intervención es una arenga donde se reconoce a las víctimas de la dictadura, comparando la situación de hace dos siglos con la de ahora. El texto busca el compromiso del auditorio con la causa de la democracia y presenta fuertes elementos emocionales. Es un discurso al aire libre, pronunciado en una plaza pública de Caracas, la Plaza O'Leary.

2.4.1. *El discurso el 23 de enero de 2014*

Como dijimos anteriormente, el discurso del 23 de enero es una proclama. Es una alocución política, pública, de carácter informativo sobre un asunto particular; es además programático puesto que el líder expone a la audiencia su programa de acción.

Desde el inicio, el orador deja claro que aquí va a hablar de la *justificación*[15] de un cambio de sistema político con base en el contexto que se vive y fundamentado en la constitución vigente. López quiere hacerle llegar a los venezolanos la necesidad de un cambio profundo, de ahí que esté dirigido a todos los venezolanos y especialmente a aquellos "que saben que Venezuela necesita un cambio, que tenemos que transitar hacia un cambio de sistema, no sólo un cambio de gobierno, un cambio de modelo".

El inicio

El inicio del discurso del 23 de enero refiere a una conmemoración histórica, la del derrocamiento de una dictadura, pero López no se refiere a ella directamente porque lo que persigue es una proclama de principios, en este caso el derecho a la desobediencia civil (cf. Hernández, 2012). Por esto último puede también considerarse que el tema del inicio es la justificación de su llamado a la calle para discutir la solución al caos en que se encuentra el país. Así comienza:

---

15 Cortés Rodríguez, 2014a.

Todos los veintitrés de enero celebramos algo que hoy queremos recordar/
la esencia de la rebelión de un pueblo/
la esencia de que los pueblos se pueden levantar ante la opresión/
la esencia de que los pueblos tienen el derecho ante un gobierno que busca la imposición/ el autoritarismo/ la antidemocracia/ la corrupción/ y la ineficiencia como forma de gobierno//

Esta conmemoración se contrapone a la que en la misma fecha hace el gobierno, pero sin respetar la esencia de la efeméride. Porque si bien el gobierno celebra el inicio de la democracia, lo que López reivindica es el alzamiento popular y la similitud de las condiciones de opresión y sometimiento.

Pero el veintitrés de enero de mil novecientos cincuenta y ocho lo que ocurrió fue
que un pueblo se alzó/
que un pueblo se levantó/
que un pueblo dijo ya basta/
que un pueblo dijo desde las calles tenemos que salir a conquistar la democracia//

El cuerpo del discurso

En el cuerpo del discurso se explica lo que se ha planteado anteriormente como tema: la necesidad que tiene el país de un cambio político, y la invitación a "levantar el espíritu de lucha" y la oposición al gobierno. Esta pieza oratoria tiene, según las funciones que vimos anteriormente, la de oponerse al poder y de denunciar la situación en que se encuentra el pueblo venezolano.

El cuerpo del discurso podemos resumirlo en los siguientes puntos, que pueden considerarse como subtemas del principal:

a) La EXPLICACIÓN de la historia y la comparación del 23 de enero de 1958 con el 23 de enero de 2014. Si aquella fecha es la celebración de la democracia, en la actualidad se constata que la democracia se ha perdido. Señala que la democracia no se conquistó sola, sino que el pueblo luchó para conseguirla.

b) La DENUNCIA del gobierno como responsable de la crisis, de mentirle a la población y de haberse conformado una cúpula corrupta. Es un gobierno de opresión, de antidemocracia y también profundamente ineficiente; no hay justicia. Los jóvenes del país tienen un futuro incierto.

c) El POSICIONAMIENTO suyo y de su grupo frente al gobierno, al sistema y a la antidemocracia. Su compromiso con el cambio, la democracia y el pueblo, por oposición al gobierno, que no representa ninguno de estos valores. Asimismo su reto de que el gobierno no lo va a intimidar- "¡No van a acallar nuestro espíritu de lucha!

d) La CONVOCATORIA a La Salida: levantar el espíritu de lucha, a buscar el cambio y una mejor Venezuela, con el eslogan partidario: ¡Sí se puede!

Sí se puede/
Pero te necesitamos hermana/
te necesitamos hermano/
te necesitamos primero que nada con la convicción de tu corazón/ con la convicción de tu alma/
con la convicción de tus acciones//
Y es por eso que convocamos nosotros al pueblo venezolano a decir "basta ya"//

Esta convocatoria va acompañada de la explicación del derecho de salir a la calle y la justificación del momento — "Si no comenzamos hoy, ese cambio no va a llegar— del espacio —la calle como lugar de debate, no solo en los espacios restringidos de las organizaciones políticas— y las características —popular, democrática y constitucional—.

López tiene cuidado de explicar el concepto de alzamiento "para que no nos malinterpreten", por ello el tema de la *justificación* esbozado anteriormente: "alzamiento" es para López 'desobediencia civil', uno de los principios de la democracia que había sido definido por Henry David Thoreau. Por otra parte, dice apoyarse en la constitución venezolana que, como se sabe, consagra en su artículo 333 el deber de los ciudadanos de colaborar en el restablecimiento de la vigencia de la constitución y, en el artículo 350, el derecho de desconocer "cualquier régimen, legislación o autoridad que contraríe los valores, principios y garantías democráticos o menoscabe los derechos humanos".

El momento se expresa en la noción de *oportunidad*—es una fecha propicia para un pronunciamiento como éste— y porque según el orador "si no comenzamos hoy, ese cambio no va a llegar, que si no comenzamos hoy ese cambio jamás llegará a las puertas del destino de los venezolanos". De ahí que invite a la calle "con un tema a discutir: La Salida, cuál es la salida a este desastre".

Un último punto, el *espacio* o *lugar* lo representa la explicación del concepto de 'calle', el ágora donde debe discutirse el cambio, así como también la exposición del concepto mismo de La Salida —sus *características*— la justificación del discurso: la salida debe ser popular, democrática y constitucional:

¿Y qué salida estamos proponiendo nosotros?/Nosotros estamos conscientes que la salida tiene que ser primero que nada popular/ popular con la gente/ gente/ gente/ gente que quiera la salida/ gente que quiera ser la fuerza de un pueblo que busque cambio// Segundo una salida democrática/ y tercero una salida dentro de la constitución// Existen distintas herramientas que nos ofrece la constitución y nosotros debatiremos con el pueblo cuál de esas herramientas es la más oportuna/ cuál de esas herramientas nos podrá encauzar hacia un cambio lo antes posible/ hacia un cambio lo más profundo/ lo más democrático/ y que nos permita avanzar hacia una mejor Venezuela//

El cierre del discurso lo constituye la información sobre una jornada nacional de asambleas de calle que debía realizarse el siguiente domingo, 2 de febrero, para impulsar el debate sobre la salida constitucional. También, su deber de conducir al pueblo en el camino hacia el cambio:

Pero también tenemos la obligación de conducir hacia un cambio y ese cambio tiene que convocar a millones/ y somos millones/ somos millones de venezolanos los que quieren cambio/ somos millones de venezolanos que estamos conscientes de que hoy Venezuela no está por el camino correcto/ de que hoy Venezuela tiene que cambiar//

El cierre

Como dijimos antes se trata de un segmento proclive al ornato y a la solemnidad. Es el segmento final que debe quedar en la memoria e incitar a la acción, por lo que es también un segmento emotivo y un resumen donde se concreta lo expuesto ante el auditorio.

En primer lugar López invita a una jornada de asambleas de calle que se realizaría el domingo siguiente para iniciar el debate sobre las mejor de las posibilidades que ofrece la constitución para iniciar el cambio. Emplea argumentos afectivos al recordarle al pueblo las necesidades por las que está pasando, la falta de medicamentos, de alimentos, de justicia. López llama a todos los venezolanos a salir a las calles a debatir sin esperar más invitación:

> *No esperen que los convoquemos nosotros/ salgan a las calles a este debate// En su urbanización/ en su barrio y en su caserío/ con su gente y en el trabajo// En todos los rincones/ en el carrito/ en el metro/ en la calle salgan a hablar sobre la salida//*

Nuevamente el tema de la urgencia: "nosotros no sabemos qué oportunidad tendremos en el futuro". Pero además el compromiso "nosotros vamos a ir creando esta fuerza, esta fuerza de cambio a la cual convocamos a todo el pueblo venezolano". Finalmente, el agradecimiento al auditorio y la invitación a los presentes en la televisora a iniciar el ciclo de preguntas.

2.4.2. El discurso del Día de la Juventud

En el discurso del 12 de febrero previo a la marcha estudiantil que había sido convocada para ese momento, Leopoldo López se dirige a los venezolanos de la capital y del resto del país, dándoles los "buenos días". Pone énfasis en la multitud que está en la plaza y en la cantidad de partidarios del movimiento, lo cual hace empleando la primera persona plural: "somos", "queremos".

> *Hoy esta manifestación se está dando en todo el territorio nacional/*
> *Somos decenas de miles/*
> *vamos a ser cientos de miles*
> *y somos millones de venezolanos los que queremos el cambio político en Venezuela//*

El inicio

El inicio, como lo hemos venido diciendo, es el sitio para la reverencia, la cortesía, y López halaga al país con vivas a Venezuela y a sus partidarios: "Que viva Venezuela y que vivan las mujeres y hombres que hoy estamos convencidos de que Venezuela tiene que cambiar", quienes quieren el cambio —de gobierno y de sistema político—. Asimismo, hace un reconocimiento a los jóvenes presos por el gobierno y sus fuerzas de choque, y a sus familias.

Como en el discurso anterior, el inicio de esta pieza oratoria presenta el tema de la urgencia, como es la incertidumbre de futuro de los jóvenes, justamente cuando se conmemora el Día de la Juventud, día heroico de la guerra de la independencia americana:

> Hoy Día de la Juventud deberíamos estar celebrando una Venezuela llena de oportunidades/ deberíamos estar celebrando la juventud hacia el futuro// Pero lamentablemente hoy nuestros jóvenes se preguntan ¿qué voy a hacer yo en el futuro aquí en esta patria?//

Como corolario de esa urgencia reitera el fundamento de su doctrina política, que es el derecho a la desobediencia civil (Thoreau, 1897) consagrado en la constitución venezolana en sus artículos 35, 333 y 350, como recurso democrático cuando el gobierno no representa al pueblo.

> Y nosotros hoy queremos reivindicar el derecho que tienen los jóvenes y todos los venezolanos de luchar/ de estar en la calle/ y de construir un futuro que hoy nos están robando//

El cuerpo del discurso

El cuerpo del segundo texto es mucho más corto que el anterior y menos explicativo. La información ya se ha dado y en esta oportunidad se repiten los temas principales: la comparación de las fechas, y con ello la justificación de la protesta; la denuncia, la urgencia del momento de crisis, la inculpación del gobierno como causante y responsable de la crisis y la invitación a la protesta.

El discurso se pronuncia el Día de la Juventud, celebración de una victoria estudiantil contra las fuerzas españolas. Sin embargo, en 2014 nos encontramos en un país donde la juventud no tiene futuro. "Pero lamentablemente hoy nuestros jóvenes se preguntan ¿qué voy a hacer yo en el futuro aquí en esta patria?" Ellos solo encuentran inseguridad y desempleo.

Los temas que se tratan son los siguientes:

La DENUNCIA del gobierno como responsable de la escasez, la inseguridad, la inflación y la falta de oportunidades para la juventud. El modelo que se ha pretendido instalar es equivocado y nos ha llevado a la crisis además de haberle entregado al país a intereses extranjeros; se refiere al modelo consagrado en el Plan de la Patria, de Hugo Chávez Frías, de tendencia comunista.

La URGENCIA de cambiar el modelo que viene a ser "un deber moral, como un deber patriota, como un deber nacionalista". La oportunidad es ahora, porque "porque de no hacerlo/ de no hacerlo hoy ¿cuándo? ¿Y si no somos nosotros/ quienes?". El derecho de estar en las calles se ha convertido en un deber. "Por eso es que hoy más que nunca nosotros queremos reivindicar el derecho convertido en deber de estar en las calles de Venezuela".

El POSICIONAMIENTO: es una lucha del pueblo contra el estado, los millones de ciudadanos contra la cúpula que ha secuestrado el poder.

> Yo no quiero vivir secuestrado// Esta es una lucha del pueblo contra el Estado// Esta es una lucha de millones contra los que han secuestrado el poder que debe de pertenecer al pueblo venezolano// No va a hacer fácil//

La INVITACIÓN a La Salida, una lucha que se anticipa no va a ser fácil. Sin embargo, mejor es luchar hoy que no tener futuro. Por ello la arenga que sigue, la invitación a la salida a la calle para comenzar el movimiento hacia el cambio, la liberación de los presos políticos y la recuperación del poder secuestrado por el gobierno.

Aquí se produce la *incidencia*, la intervención de la audiencia, una multitud que le responde *¡No tenemos miedo!* y comienza un interesante contrapunto entre el orador y el auditorio. Esta arenga recuerda justamente la de José Félix Ribas antes de la batalla de la Victoria[16].

El cierre

El cierre da pie al ornato y a la solemnidad de manera muy marcada en este discurso, como se verá en la sección siguiente.

2.5. *Las incidencias*

El discurso conmemorativo del 23 de enero no tiene intervenciones del público[17] por tratarse de un evento televisado donde los presentes y el

---

16 La arenga de Rivas fue como sigue: "Soldados: Lo que tanto hemos deseado se realizará hoy: he ahí a Boves. Cinco veces mayor es el ejército que trae a combatirnos; pero aún me parece escaso para disputarnos la victoria. Defendéis del furor de los tiranos la vida de vuestros hijos, el honor de vuestras esposas, el suelo de la patria; mostradles vuestra omnipotencia. En esta jornada que será memorable, ni aun podemos optar entre vencer o morir: ¡necesario es vencer! ¡Viva la República!" (Blanco, 1972: 48-49).

17 Cortés Rodríguez, 2015.

locutor forman una sola voz, puesto que todos respaldan la proclama del dirigente político.

El discurso del Día de la Juventud, en una plaza pública es, a diferencia del anterior, una arenga caracterizada justamente por las incidencias en el texto, que se producen como un diálogo con el auditorio de características muy solemnes. El segmento parece justamente iniciarse con los gritos de los presentes que corean "¡No tenemos miedo!". López responde con el eslogan "¿Se puede o no se puede?" A lo que el público responde "¡Síii!" Comienza entonces la arenga repetida por la multitud, que aquí se transcribe a continuación. Lo hacemos en líneas con la finalidad de hacerla comprensible en su forma escrita. Las itálicas corresponden al coro de los presentes.

¡No tenemos miedo! ¡No tenemos miedo!

Y como dicen "no tenemos miedo"// No tenemos miedo de estar en la calle y estamos en la calle// Yo les pregunto a ustedes/ hermanas y hermanos ¿Se puede o no se puede? //

¡Síií!

Que se escuche ¿Se puede o no se puede? //

Sí se puede/ sí se puede/ sí se puede

Bueno yo quisiera/ yo quisiera/ ¡sí se puede!/¡ sí se puede! //

Sí se puede/ sí se puede/ sí se puede//

Yo quisiera pedirles a todos los que estamos acá a que asumamos el compromiso de seguir multiplicando/ de seguir creciendo/ de seguir avanzando en la conquista de ese cambio político que nos pertenece// y les pido que alcemos nuestra mano derecha y digamos:/

"Nosotros/ venezolanos y venezolanas/ Nosotros/ venezolanos y venezolanas/

comprometidos con nuestra historia /comprometidos con nuestra historia/

de lucha por la libertad/ de lucha por la libertad/

comprometidos hoy Día de la Juventud/ comprometidos hoy Día de la Juventud /

con el futuro de nuestros hijos/ con el futuro de nuestros hijos/

asumimos el compromiso de tener vocación de cambio// asumimos el compromiso de tener vocación de cambio//

la entrega y la determinación/ la entrega y la determinación/

hasta lograr el cambio político/ hasta lograr el cambio político/
el cambio social/ el cambio social/
que se merece Venezuela/ que se merece Venezuela//
¡Que viva Venezuela!//
¡Que viva Venezuela! //
¡Que viva el futuro de Venezuela! //
¡Que viva el futuro de Venezuela!
¡Que vivan nuestros jóvenes!// ¡Que vivan nuestros jóvenes!//
El discurso finaliza con la invitación a la marcha y la bendición del auditorio.

Y salgamos hoy/ salgamos/ salgamos a caminar con firmeza/ con fuerza/ asumamos la no violencia/ nuestro terreno/ la calle; nuestra la lucha/ la no violencia// Que Dios los bendiga! // Muchísimas gracias//

El coro del auditorio multitudinario es sin duda una manifestación de identidad de grupo[18] que constituye un apoyo de los presentes al llamado del orador por la libertad del país y por la defensa de los valores fundamentales consagrados en la constitución. En este caso, hay una planificación retórica por parte del emisor quien, con sus pausas, llama a la respuesta, que se manifiesta en el eco de sus enunciados. Todo ello contribuye a la solemnidad del momento.

2.6. *Las figuras*

Como se dijo anteriormente, las series enumerativas son elementos de énfasis y de ornato[19]. En lo que sigue describimos las figuras que se encuentran en los dos discursos que aquí estudiamos.

Si el primero de los discursos de López no tiene intervenciones del público, es rico, por el contrario, en figuras. Aquí se trata en algunos casos de negaciones, que en los ejemplos (a-d) se presentan como paralelismos sonoros[20], de modo que la repetición le da énfasis a lo que se dice.

---

18 Como lo señala Cortés (2015).
19 *Cf.* Cortés Rodríguez y Herrero Muñoz-Cobo (2014)
20 El paralelismo es una estructura poética que tiene como base la repetición (*Cf.* Álvarez Muro, 2008: 164).

(a) No hay joven en Venezuela *hoy que no esté pensando en la posibilidad de irse de Venezuela/*

No hay joven en Venezuela *hoy que no esté pensando en su futuro incierto/*

No hay joven en Venezuela *que esté pensando en la posibilidad de salir a las calles y estar tranquilo//*

(b) Nosotros no sabemos *cuándo se va a producir el cambio/*

no sabemos *si será en un mes, en un año/ en dos años/*

pero lo que sí sabemos es que si no comenzamos hoy/ ese cambio *no va a llegar/*

que si no comenzamos hoy ese cambio jamás llegará *a las puertas del destino de los venezolanos//*

(c) Y es por eso... es por eso que nosotros hoy veintitrés de enero/

no hay fecha/

no hay fecha *más oportuna [...]*

(d) [...] este diálogo con los venezolanos que saben que no se justifica /

tocarle la puerta a un hospital y que digan que no hay insumos //

[...] el diálogo con un pueblo que sabe que no se justifica /

hacer colas durante siete horas para conseguir dos pollos //

[...] un pueblo que sabe que no se justifica /

que maten a un familiar y que no haya respuesta //

[...] el pueblo que sabe que no se justifica /

tener un gobierno que robe y robe y no pase nada //

También se presentan antítesis en las *disociaciones* (*cf.* Olbrechts-Tyteca, 1989: 662) en las cuales el segundo elemento se contrapone al primero.

(e) Venezuela necesita un cambio/ que tenemos que transitar hacia un cambio de sistema/ *no sólo un cambio de gobierno/ un cambio de modelo//*

(f) Venezuela no está por el camino correcto [...] hoy Venezuela tiene que cambiar//

Asimismo, en (g), (h), (i) hay otra serie de repeticiones en forma de antítesis.

(g) [...] nosotros no sabemos qué oportunidad tendremos en el futuro// lo que sí sabemos es que hoy tenemos la oportunidad de hacer este pronunciamiento//

(h) Y es por eso que nosotros estamos conscientes que hay distintos espacios de lucha/ pero hay uno al cual nosotros no vamos a renunciar que es la calle//

(i) Nosotros creemos que la convocatoria de una salida política no es solamente con organizaciones políticas/ no es solamente en un espacio restringido//

Se encuentran también figuras de enumeración como en (j) de los padecimientos de los venezolanos.

(j) La democracia en el cincuenta y ocho no se conquistó sola/ se conquistó luego de años de lucha/ años de resistencia/ de presos políticos/ de muertos/ de persecución/ de engaño/ de militarismo y antidemocracia//

De la misma manera hay metáforas al cierre del discurso, tales como "encender la llama de la fuerza de un pueblo que sabe que podemos estar mucho mejor", y metonimias, tales como "de la mano con..." (k), para significar estar 'al lado de, junto con' los hombres y mujeres que lo acompañan:

(k) de la mano con el pueblo/
   de la mano con mujeres y hombres de lucha/
   de la mano con jóvenes/
con estudiantes/
con trabajadores/
con las víctimas de la violencia/
   de la mano con los desesperanzados que tienen esperanza/
   de la mano con los que no ven el cambio pero que tienen en su corazón la vocación de que las cosas cambien//
Nosotros vamos a ir creando esta fuerza/
esta fuerza de cambio a la cual convocamos a todo el pueblo venezolano//

El discurso del 12 de febrero, mucho más corto que el anterior, también se nutre de figuras retóricas. El paralelismo es aquí también un elemento de énfasis, como en el siguiente segmento, en cuya primera parte se observan anáforas, y en la segunda series enumerativas construidas sobre paralelismos gramaticales.

> *(l) Y yo quiero comenzar haciéndole un reconocimiento/*
> *a los jóvenes venezolanos//*
> *a los jóvenes venezolanos que hoy están en las calles/ pero muy especialmente /*
> *a los que han sido reprimidos/*
> *a los que hoy están presos/*
> *a los que han sido heridos de bala//*
> *A los que han sido reprimidos /*
> *por la guardia/*
> *por el ejército/*
> *por la policía/*
> *y por los grupos irregulares del gobierno//*

El ejemplo (m) contiene otra serie enumerativa, compuesta por los elementos que conforman "los peores momentos de nuestra historia" y que parece que va, en una escalada de envergadura, desde la escasez hasta la entrega del país a intereses extranjeros.

> *(m) Hoy lamentablemente Venezuela está viviendo uno de los peores momentos de nuestra historia: escasez/ colas/ no alcanza el salario/ inseguridad/ impunidad/ narcotráfico metido en el gobierno/ corrupción/ la entrega de nuestro país a intereses extranjeros//*

En el siguiente ejemplo (n) encontramos nuevamente repeticiones en forma de anáforas, en las que el segundo elemento de cada uno de los segmentos es antitético al primero: la bonanza petrolera, repetida en primer lugar, se contrapone a un hecho negativo en la segunda parte: inflación, escasez y desempleo respectivamente.

> *(n) ¡Qué contradicción/ hermanas y hermanos! //*
> *En medio de la bonanza petrolera más grande que ha tenido la historia de Venezuela/ tenemos la más alta inflación/*
> *En medio de esta bonanza petrolera tenemos la más alta escasez/*
> *En medio de esta bonanza petrolera tenemos el más alto desempleo para nuestros jóvenes//*

En este segundo texto, las figuras se encuentran tanto en el inicio, como en el cuerpo del discurso. El cierre, como ya hemos visto, contiene una arenga dialogada con el auditorio.

2.7. *Consideraciones*

En este capítulo hemos elegido dos piezas del género del discurso político, entendido como la lucha por el poder entre quienes buscan afirmarlo y mantenerlo, y quienes tratan de resistirlo[21]. Se trata de piezas oratorias con ocasión de dos efemérides venezolanas, el 23 de enero y el 12 de febrero, cuando se conmemoran respectivamente el renacer de la democracia y la batalla de la juventud en la guerra de independencia. Estos discursos merecieron el encarcelamiento de Leopoldo López y fueron empleados en la experticia forense de una lingüista como base para la acusación en el juicio en el que se le condenó a catorce años de prisión.

Hemos visto que los textos son del género del discurso político y presentan, como es su característica, tres grandes subdivisiones: inicio, desarrollo y cierre. Asimismo, que el inicio sirve para llamar la atención del auditorio y asegurarse la comunicación con el mismo, así como para adelantar el o los temas que se tratarán, como la urgencia, justificación y el interés. En nuestro caso, encontramos sobre todo los de urgencia y justificación como temas de las piezas oratorias analizadas.

Se observa una diferencia en el estilo de los dos discursos originada por los temas también disímiles de los mismos, y por lo tanto por la función y propósito de las intervenciones. Si el primero es la explicación y justificación de una doctrina política, el segundo es una arenga para salir a marchar que tiene como tema la urgencia de la situación. En el primero el auditorio está mediatizado por cámaras de televisión, en el segundo hay una multitud congregada en la plaza. De ahí posiblemente que en el primero haya figuras de ornato más evidentes que en el segundo. El tono del primero de los discursos es explicativo y racional, mientras que el del segundo es más solemne y emocional.

Asimismo, encontramos que, si bien los inicios de los discursos son bastante escuetos, los cierres dan lugar a figuras de ornato y a marcas de solemnidad.

---

21 Chilton (2014).

3 LAS VOCES EN EL DISCURSO DE LEOPOLDO LÓPEZ

> *Así pues, concluyó triunfalmente Zósimo, si quieres alcanzar la tierra del Preste Juan, tienes que usar el mapa del mundo que el Preste Juan usaría, y no el tuyo, fíjate bien, aunque el tuyo sea más correcto que el suyo.*
>
> Umberto Eco. Baudolino

En música se conoce como polifonía al conjunto de líneas melódicas o voces simultáneas en que cada una expresa una idea musical, pero formando con las demás un todo armónico[22]. Estas voces pueden imitarse entre sí o ser independientes; además pueden tener ritmos diversos. En el lenguaje sucede algo similar: muchas veces nos sorprendemos diciendo algo que hemos oído decir a nuestros padres, o bien repitiendo conceptos leídos en la prensa o en alguna clase, que se integran a nuestro discurso del momento haciendo de él un coro. Por ello se habla también de polifonía en el lenguaje[23].

En este capítulo examinamos las voces en dos discursos de Leopoldo. El primero es una proclama donde se oyen las voces de la democracia, representadas por la oposición, y sus contra-voces, las del autoritarismo y la antidemocracia, representadas por el gobierno. En la arenga se oye la voz del líder que incita a la acción y, conformando el coro, la de la historia que lo respalda.

---

22 Diccionario de la Lengua Española.
23 *Cf.* para la teoría de la polifonía Ducrot (1984, 2012), Nølke (2001), Nølke y Olsen (2000), Nølke, Fløttum, y Norén (2004).

3.1. El género

Como dijimos en el capítulo anterior, el discurso político es el tipo de discurso relacionado con el poder, ya sea porque lo ejerce o se opone a él. Además busca la cooperación a través de las prácticas e instituciones de la sociedad con la finalidad de resolver conflictos de interés[24]. El discurso político es posiblemente uno de los estilos de discurso donde la argumentación es más evidente.

> On the one hand, politics is viewed as a struggle for power, between those who seek to assert and maintain their power and those who seek to resist it. Some states are conspicuously based on struggles for power; whether democracies are essentially so constituted is disputable. On the other hand, politics is viewed as cooperation, as the practices and institutions that a society has for resolving clashes of interest over money, influence, liberty, and the like. Again, whether democracies are intrinsically so constituted is disputed (Chilton, 2004: 3).
>
> (Por una parte, la política se ve como la lucha por el poder entre quienes buscan afirmar y mantener su poder y quienes buscan resistirlo. Algunos estados se basan manifiestamente en luchas por el poder; es cuestionable que las democracias se constituyan esencialmente de ese modo. Por otra parte, la política se ve como cooperación, como las prácticas e instituciones que una sociedad tiene para resolver conflictos de interés sobre dinero, influencia, libertad y otros. Nuevamente, es discutible que las democracias se constituyan intrínsecamente de ese modo).

El discurso del 23 de enero es sin duda un discurso político[25]. Se trata de un discurso nuclear en la resistencia al régimen dictatorial venezolano. Es el discurso de un líder de oposición en el contexto de una reunión política que se lleva a cabo en una estación de televisión; sus palabras se divulgan a todos los grupos sociales en el país, lo cual lo hace un evento público. Los temas que discute son la democracia y la dictadura, y la idea subyacente es la de la validez de los sistemas políticos —democracia vs. antidemocracia— debido a que expone la idea de la resistencia civil contra un gobierno que usa el poder de manera indebida. Leopoldo López está envuelto en la lucha política a través de su partido *Voluntad Popular*.

---

24 *Cf.* Chilton (2004).
25 *Cf.* van Dijk (1999).

En la situación comunicativa de la alocución televisada, está rodeado por miembros de otros grupos de oposición. Asimismo, ejerce acción política dado que las prácticas políticas son también prácticas discursivas[26], y las formas de la resistencia política en contra del poder son parte del género del discurso político. En esta ocasión, comparte sus ideas sobre la necesidad de un cambio político y la urgencia en discutir formas de protesta civil permitidas por la constitución venezolana y otras leyes. Se trata no solo de la lucha por el poder, sino también de buscar resolver conflictos de interés en cuanto a la libertad, las condiciones sociopolíticas y económicas[27]. Dentro de las funciones del discurso político, se postulan las de la coerción, resistencia, oposición y protesta[28]. El texto de López corresponde indudablemente con esta tres últimas funciones.

El segundo de los discursos, del 12 de febrero del mismo año es un llamamiento que se lleva a cabo en la manifestación previa a una marcha hacia la Fiscalía, entre otras razones para exigir la liberación de estudiantes presos. Veremos cómo las voces que intervienen son diferentes de las que podremos observar en el texto del 23 de enero, lo cual revela detalles del género de los textos, puesto que mientras que en el anterior se presenta una teoría política y es por tanto una proclama, este texto es una exhortación, una arenga a la multitud, un llamado a la acción política.

3.2. *La polifonía*

El lenguaje se ha considerado como argumentación, como un lugar de debate y de confrontación de las subjetividades[29]. La polifonía, con su pluralidad de voces, nos permite acercarnos con mayor precisión a lo que se dice cuando el lenguaje es justamente objeto de crítica o de acusación, y resulta particularmente oportuna para el estudio del discurso político. Aquí observamos las voces que "hablan" a través del locutor y para desentrañar qué es lo que este realmente "dice" en sus alocuciones.

Dado que el lenguaje sirve a la interacción, hay un elemento polémico que le es intrínseco. Todo segmento encarna a un enunciador cuyo

---

26 *Cf.* van Dijk (1999:15).
27 *Cf.* Chilton (2004:5).
28 Chilton y Schaeffner (2000:305-306).
29 La langue, independamment des utilisations que l'on peut faire d'elle, se présente comme lieu du débat et de la confrontation des subjectivités. (Ducrot 1984:31)

punto de vista se orienta hacia cierta conclusión, pero los enunciados representan una multiplicidad de puntos de vista que no siempre coinciden con los de la persona que emite las palabras[30]. De ahí que cuando alguien habla, oímos a través de su voz otras voces relacionadas con lo que dice, ya sea para apoyarlo o contradecirlo[31].

Si oímos hablar a alguien, o vemos un texto escrito, pensamos que habla o escribe un solo individuo, una sola voz. Pero cuando llenamos una planilla, o cuando firmamos el permiso ya impreso para que nuestros hijos participen en una actividad escolar no somos los responsables de todo el escrito: lo es el banco, o maestra. Podemos considerarnos en este caso como los escribas del texto, mientras que quienes lo ideraron y fijaron lo que se quería que dijera la hoja son los responsables. En literatura se conoce esta distinción como la del autor y la del narrador, como cuando Schlink escribe en *El lector*: "Cuando tenía quince años, tuve ictericia". El enfermo no es el autor de la obra sino el narrador que cuenta en primera persona. Pero además, hay otra voz que representa las creencias y valores de quién está detrás de lo dicho y que toma una posición en el discurso.

Vamos a llamar LOCUTOR a la persona que construye discursivamente a todos los demás elementos que participan en él. Crea seres discursivos. Además construye puntos de vista y los une o no a los seres discursivos que ha creado. Es el creador del coro de voces.

Crea en primera instancia a un sujeto, hablante complejo y de varios niveles. Este se compone en primer lugar por alguien que hace el ruido o escribe —que llamaremos *animador*—; crea también una imagen de sí mismo —con el pronombre "yo"— que es el responsable de la emisión— el *autor*—, y finalmente a un tercero que sustenta las creencias y valores representadas en el discurso —el *principal*[32]. Este último asume una posición, relacionada con su identidad y rol social.

Pero no ha terminado su tarea. También crea al *alocutor* o *receptor*, igualmente complejo porque hay un oyente físico y otro a quien va dirigido el mensaje; estos pueden o no ser idénticos. En mi tierra hay un refrán

---

30 Ver también Goffman (1981) y Ducrot (2012).
31 Bakhtine (2008) lo ha llamado "dialogismo".
32 Seguimos en la teoría de la polifonía a Todorov (1998), Anscombre (2008) y la versión más moderna y elaborada de Nølke (2013). Sin embargo, hemos preferido emplear aquí la terminología de Goffman (1981) porque nos parece más sencilla.

que dice "El que se pica es porque ají come", en otras palabras, si reaccionas a lo que digo es porque consideras que es a ti a quien va dirigido el mensaje; con lo que se muestra claramente que el que oye directamente y la persona aludida no siempre son las mismas. El locutor construye una imagen del alocutario que puede estar o no presente, y ser no solo un oyente físico, o una entidad abstracta (la patria, Venezuela, el congreso).

Hay otros seres discursivos que no están presentes, los *terceros*, pero quienes son aludidos en el discurso. Estos son otras entidades que pueden representarse con pronombres de terceras personas, nombres propios, o por medio de una frase verbal.

Los *puntos de vista* son entidades semánticas formadas por una fuente, un juicio y un contenido y son una parte esencial de la estructura polifónica y pueden también estar representados por entidades discursivas. Esos puntos de vista se unen, a través de *nexos enunciativos,* a los entes discursivos —emisores o receptores— que son de *responsabilidad* cuando muestran el punto de vista del emisor, o nexos de *no-responsabilidad* como de desacuerdo, de refutación, etc., cuando éstos están en una posición contraria a la suya.

El significado se compone de todas esas instancias que hacen que en el texto se encuentren las huellas del contexto enunciativo[33]. De ahí la posibilidad de estudiar un texto para revelar todas las demás voces del discurso.

3.3. *El discurso de La Salida*

El discurso de Leopoldo López en esta alocución es uno de los discursos que preceden su encarcelamiento, donde explica claramente su teoría política y hace a la vez una invitación a sus seguidores. Puede decirse que se trata de una proclama, la del movimiento llamado *"La Salida";* esta intervención se toma como un compendio de su pensamiento. Es programático, dado que el líder de *Voluntad Popular* explica brevemente sus valores y creencias y su posición encontrada con el gobierno venezolano.

Este discurso tiene una función macro comunicativa, puesto que es tanto la proclamación de un movimiento político como la denuncia del

---

33 Seguimos básicamente a Nølke, Fløttum and Norén (2004) aunque hemos cambiado la terminología relativa a LOC, el locutor complejo y hemos tratado de simplificar la teoría para fines didácticos.

gobierno. Asimismo, contribuye a la construcción de la imagen del locutor como líder de la oposición[34].

El discurso de La Salida fue parte de los materiales usados contra López en la experticia lingüística de en que se basó la acusación. El discurso fue recogido en video y guardado en YouTube. Mi transcripción respeta las características de la oralidad, por lo cual solo se muestran las pausas hechas por el hablante. Las pausas cortas se señalan con / y las más largas con //.

Para analizar el discurso de Leopoldo López, del 23 de enero de 2014, partimos de la base de que tanto el emisor como el receptor son entes complejos. Consideramos aquí las siguientes instancias discursivas:

3.3.1. *El locutor*

El locutor, como dijimos, es el constructor del enunciado y se compone a su vez de varios niveles.

El animador

En primer lugar está la persona que dice el discurso, el animador. Leopoldo López es quien *dice* el discurso el día 23 de enero de 2014. Toma la palabra para presentar sus ideas después de una introducción por parte de la líder de otro partido político de la oposición, *Vente Venezuela*, María Corina Machado. Los demás son acompañantes silenciosos.

El autor

Por otra parte está la voz que se hace responsable de la opinión, el autor. En este caso es también López quien habla en su propio nombre, como líder de su partido, pero además como vocero de la oposición, más específicamente una parte de ella que propone La Salida.

El principal

Finalmente, hay una voz que se posiciona abiertamente contra el gobierno, el modelo y el sistema político. Con ello produce una representación o imagen de sí mismo[35]. Leopoldo López se posiciona al lado del pueblo:

---

34 *Cf.* Kronning (2014)
35 Ducrot (2012).

[...] para nosotros lo importante es el pueblo venezolano/ ese pueblo que quiere cambio/ ese pueblo que quiere una mejor Venezuela/ ese pueblo que hoy está frustrado, que está desesperanzado//

Otras personas hablan también a través de López, son las voces de otros encarnadas en el locutor. Son los llamados *terceros*, y son voces individuales o colectivas que aparecen en tercera persona. Los terceros en el discurso de López se presentan generalmente como una frase nominal "el gobierno", o como un pronombre de tercera persona "ellos". Estos son:

Los locutores virtuales

Los locutores virtuales son entes discursivos susceptibles de tomar la palabra ellos mismos.

a) Los acompañantes. Podemos considerar en primer lugar como locutores virtuales a sus acompañantes, quienes está presentes en la estación de televisión donde se graba el discurso. Con Leopoldo López están María Corina Machado, dirigente del partido Vente Venezuela y quien introduce a López, el alcalde Antonio Ledezma, y además un grupo de opositores al gobierno que Machado describe como "diputados, dirigentes políticos, dirigentes sindicales, dirigentes estudiantiles, ciudadanos todos". López es entonces también el vocero de quienes lo acompañan en esta proclama, un NOSOTROS; *nosotros venezolanos, nosotros que estamos en la oposición, venezolanos preocupados por lo que está ocurriendo.*

b) El locutor de autoridad: la historia.- Hay un locutor que podría también considerarse como un locutor virtual, puesto que la historia también suele "tomar la palabra", por escrito o en videos. No parece demasiado forzado decirlo porque la gesta aludida, el 23 de enero de 1958, está todavía en la memoria de los venezolanos. López hubiera podido presentar testigos de esa época o filmaciones de lo acontecido. El locutor se apoya en la historia como autoridad para reforzar su argumentación. La historia emerge en la frase nominal *el veintitrés de enero, el veintitrés de enero de mil novecientos cincuenta y ocho.* En efecto, el pronunciamiento sobre La Salida se lleva a cabo justamente en la fecha de conmemoración del 23 de enero de 1958 cuando el pueblo derrocó la dictadura de Marcos Pérez Jiménez, un militar que había llegado al poder por un golpe diez años antes. La fecha debería ser de celebración del inicio de la democracia, pero no lo es plenamente —"tenemos que tener claro qué es lo que se celebra"— porque la democracia conquistada entonces se ha perdido.

Hoy veintitrés de enero, que el gobierno dice celebrarlo también/ nosotros que estamos en la oposición también lo celebramos y tenemos que tener claro qué es lo que se celebra// Se celebra sí el inicio de la democracia// Pero el veintitrés de enero de mil novecientos cincuenta y ocho lo que ocurrió fue que un pueblo se alzó, que un pueblo se levantó/ que un pueblo dijo ya basta/ que un pueblo dijo desde las calles tenemos que salir a conquistar la democracia//

Por esta razón se toma la efeméride como una fuente de legitimidad para el movimiento que se propone en esta oportunidad.

No hay fecha, no hay fecha más oportuna para hacer un pronunciamiento como éste/ en donde hoy se celebra la rebelión del pueblo/ en donde hoy se celebra la calle como espacio de lucha/ en donde hoy se celebra la fuerza de un pueblo que estuvo dominado/ que estuvo aplastado/ que estaba desesperanzado por la disposición de un gobierno que vendía grandes cambios en el ámbito económico/ que vendía una supuesta estabilidad/ pero que abajo en el pueblo faltaba la esencia/ faltaba la libertad/ la libertad de poder decir y hacer lo que quisiéramos/ /de poder decir y hacer lo que estuviera en nuestras conciencias//

La comparación es clara: el pueblo estuvo dominado hasta 1958 por un gobierno que al igual que éste le vendía estabilidad. El gobierno ofrece paz a cambio del sometimiento. López opone la acción que obedece a los principios, a la esencia del individuo y de la democracia, que es la libertad, "la libertad de poder decir y hacer lo que quisiéramos, de poder decir y hacer lo que estuviera en nuestras conciencias". Por ello se toma la conmemoración de ese momento de cambio hacia la libertad como ocasión propicia para hacer el llamado a *La Salida*.

El no-locutor

Hay una voz que no puede hablar por sí misma, porque no tiene la propiedad de poder producir una enunciación, es el pueblo. Se trata de un *no-locutor*[36]. El pueblo de quien habla López es un *no-locutor;* no puede producir una enunciación pero tiene una voz a través del discurso de López. Ese pueblo es poseedor del atributo del saber: *los venezolanos que saben, un pueblo que sabe*. El pueblo es también el depositario del atributo del querer, querer cambio: *los venezolanos que quieren cambio, los*

---

36   *Cf.* Nølke y Olsen (2000).

venezolanos que saben que podemos estar mejor. Ellos viven en condiciones de pobreza, y carecen a de oportunidades a pesar de la bonanza económica que ha vivido el país y López se hace vocero de esas inquietudes; de ahí la necesidad del diálogo con ese mismo pueblo.

> Y en esta jornada de asambleas de calle impulsaremos este debate, este diálogo/ este encuentro con el pueblo/ este encuentro con un pueblo que quiere cambio/ este encuentro con los venezolanos que saben que podemos estar mejor/ este diálogo con los venezolanos que quieren cambio//

Esos jóvenes saben que no tienen futuro, y sus familias y el pueblo lo saben también:

> No hay joven en Venezuela hoy que no esté pensando en la posibilidad de irse de Venezuela// No hay joven en Venezuela hoy que no esté pensando en su futuro incierto// [...] Y si los jóvenes están con esas preocupaciones/ también lo están sus padres/ también lo están sus abuelos/ también lo está el pueblo que sabe que con este gobierno no hay futuro//

El otro

Hay otra voz, también construida por el locutor en la frase nominal *el gobierno*. También el gobierno celebra la efeméride. El discurso reportado —*dice celebrarlo*— muestra la divergencia de opiniones, el desacuerdo con el gobierno. El gobierno también está representado por el pronombre de tercera persona, *él, ellos,* y las formas de tercera persona verbal *van a acallar, van a someter, nos malinterpreten, pongan.*

> Hoy veintitrés de enero, *que el gobierno dice celebrarlo también*, nosotros que estamos en la oposición también lo celebramos.
> [...] nos oponemos a este gobierno, nos oponemos a este sistema, nos oponemos a todo lo que representa la antidemocracia.
> Pero *no van a acallar* nuestro espíritu de lucha, no van a someter nuestra rebeldía de querer cambiar [...]
> Es el gobierno el responsable de la crisis económica, es el gobierno el responsable de la inseguridad, es el gobierno el responsable de la desesperanza, es el gobierno el responsable de la falta de oportunidades.
> No nos importa cómo nos califique el gobierno porque ellos no son los dueños de la verdad [...]

¿Y qué significa el alzamiento? Para que no nos malinterpreten y no pongan luego palabras que nosotros no estamos diciendo [...]

3.3.2. El receptor o alocutario.

Como contrapartida del locutor se construye el receptor, que también es un ente complejo.

En primer lugar están los receptores directos de la información, porque simplemente están frente a los televisores u oyen las radios. Estos son el alocutario directo del enunciado[37] está constituido por quienes escuchan en todo el país:

> [...] a todos los venezolanos que hoy nos están escuchando/ que nos están viendo/ que nos acompañan/ venezolanos que están en todos los rincones del territorio nacional/ venezolanos que saben que Venezuela necesita un cambio//

López le habla a los venezolanos en general, pero también al "hermano" y a la "hermana", a quienes necesita. Incluso tiene a "Venezuela" como interlocutora:

> Nosotros hoy queremos hacer un llamado a los venezolanos// mujeres/ hombres/ jóvenes/ gente de la juventud prolongada/ indígenas y criollos/ blancos y negros/ mujeres y hombres//

> Así que Venezuela/ hermanas y hermanos de todo el territorio nacional/ los que nos estén escuchando por donde nos estén escuchando//

A este pueblo lo invita a escuchar su conciencia y a actuar según su convicción:

> Sí se puede pero te necesitamos hermana/ te necesitamos hermano/ te necesitamos primero que nada con la convicción de tu corazón/ con la convicción de tu alma/ con la convicción de tus acciones.

Podría pensarse también que hay un alocutario distante perteneciente al mundo democrático, los correligionarios de países extranjeros que pueden brindarle apoyo a la causa venezolana, y a las organizaciones internacionales a las cuales pertenece el país[38].

---

37 *Cf.* Nølke (2000), Ducrot (1984).
38 Hasta ese momento las organizaciones internacionales habían respaldado la posición del gobierno de Venezuela. Después de la prisión de Leopoldo

3.3.3. Los puntos de vista

Los puntos de vista representan las creencias y valores en las que se sustenta el discurso[39]. Encontramos dos puntos de vista que representan modelos diferentes de gobierno que incluyen dos concepciones sobre el derecho a la desobediencia civil, la democracia y el autoritarismo. Se relacionan no solo con la situación inmediata sino también con valores culturales e ideológicos, con las representaciones mentales de los hablantes[40].

La idea del punto de vista puede explicarse con dos ejemplos que revelan cómo el mismo mensaje puede interpretarse de forma diferente de acuerdo con el contexto[41]. Se trata del mensaje "Yo sí creo que Adam es rápido" *(I do think Adam's quick)* dicho bien por la madre de un niño o por un compañero de clase que significa cosas distintas cuando las circunstancias son diferentes.

En el primer caso la suegra acaba de decirle a la madre de un niño, mientras éste persigue patos, que su hijo, el padre del niño, era bastante atrasado para su edad. La madre le responde a su suegra: "I do think Adam's quick", 'yo sí creo que Adam es rápido'. La afirmación de la nuera puede entenderse, a partir del conocimiento compartido de las leyes de la genética —el niño podría haber salido al padre— y de las reglas de cortesía —una joven no debe contradecir abiertamente a una señora mayor— como una objeción a lo que le dice la suegra.

El segundo caso es el de un estudiante que reacciona cuando su compañero de grupo, Adam, tarda en reírse de un chiste. Cuando dice a los demás "Yo sí creo que Adam es rápido", la idea subyacente es que la reacción a los chistes debe ser inmediata, dado que la lentitud se toma como una falta de comprensión y se considera un fracaso. Por lo tanto, el compañero hace un juego irónico sobre la capacidad de reacción del amigo.

López se ha visto un cambio, notable en la Unión Europea y en la OEA, menos evidente en otras organiza-ciones.
39 *Cf.* Nølke, Fløttum y Norén (2004), Anscombre (2008)
40 Van Dijk (2008) se refiere al contexto.
41 Tomados de Brown y Yule (1983:36)

La democracia como punto de vista

López aboga por la democracia. Como ente discursivo, se responsabiliza por este punto de vista.

> un país de oportunidades/ un país de empleo/ de progreso/ un país de democracia/ de igualdad ante la ley/ un país de justicia//

En su concepción de la democracia, el pueblo tiene derecho a la resistencia. López llama en esta proclama a la desobediencia civil, al alzamiento, a la rebelión, pero sostiene en todo momento que no se trata de una rebelión violenta sino de un alzamiento de la conciencia, del poder decir "no estamos de acuerdo" con el sistema que propulsa el gobierno. Ese alzamiento obedece al derecho, al "sacrosanto derecho" que tienen los pueblos de decir "basta ya", de oponerse a un gobierno que no representa al pueblo. Por otra parte tiene la obligación—"tenemos esa responsabilidad" —de conducir hacia el cambio que el pueblo quiere:

> Y que hoy nosotros tenemos esa misma responsabilidad de encender la llama de la fuerza de un pueblo/que sabe que podemos estar mucho mejor/ de la mano con el pueblo/ de la mano con mujeres y hombres de lucha/ de la mano con jóvenes/ con estudiantes/ con trabadores/ con las víctimas de la violencia/ de la mano con los desesperanzados que tienen esperanza/ de la mano con los que no ven el cambio pero que tienen en su corazón la vocación de que las cosas cambien// Nosotros vamos a ir creando esta fuerza/ esta fuerza de cambio a la cual convocamos a todo el pueblo venezolano//

El debate, el diálogo que se propone en La Salida se llevaría a cabo en la calle constituida como ágora, en asambleas de calle. Por ello López propone sacar la deliberación de los espacios habituales, el de las organizaciones políticas, hacia otros espacios donde se encuentra ese pueblo:

> En su urbanización/ en su barrio y en su caserío/ con su gente y en el trabajo// En todos los rincones/ en el carrito/ en el metro/ en la calle salgan a hablar sobre la salida//

Es a través del diálogo que el autor de este discurso le daría voz de autoría al pueblo que no la tiene: el pueblo sabe y quiere, pero sólo en su papel de *no-locutor*, como dijimos anteriormente. El individuo debe, en el discurso de López, obedecer a su conciencia, a su convicción; a la convicción de su corazón, de su alma, de sus acciones. La conciencia está sobre todas las leyes y está al nivel del estado cuya única expresión es la constitución, que no es respetada por este gobierno. La lucha que se propone debe ser "pacífica, popular, constitucional y democrática".

Ese diálogo llevaría al cambio estructural que ha de darse en el país. La "Salida" o 'solución' no es contraria a la Constitución puesto que ella consagra el derecho ciudadano a la desobediencia civil respecto de regímenes, legislación y autoridades que contraríen la Constitución[42]. Tampoco lo es a la Declaración universal de los derechos del hombre y del ciudadano de 1793[43]. De modo que la Constitución y la Declaración Universal de los Derechos Humanos están presentes como voces concomitantes, armónicas de la voz principal —la frecuencia fundamental— que constituye la voz de Leopoldo López. Los conocedores reconocen también en estas palabras la voz de Henry David Thoreau, en su obra *Civil Desobedience* un libro de cabecera de los demócratas en muchos lugares.

De ahí que el llamado que hace López de escuchar al pueblo sea para debatir sobre la herramienta más oportuna para salir de este desastre, por la vía democrática y constitucional:

¿Y qué salida estamos proponiendo nosotros? Nosotros estamos conscientes que la salida tiene que ser primero que nada popular/ popular con la gente/ gente/ gente/ gente/ que quiera la salida/ gente que quiera ser la fuerza de un pueblo que busque cambio// Segundo una salida democrática y tercero una salida dentro de la constitución//

---

42 Este derecho está consagrado en los artículos 350 y 333 (*Cf.* Brewer Carías 2004, Hernández 2012):

Artículo 333: Esta Constitución no perderá su vigencia si dejare de observarse por acto de fuerza o porque fuere derogada por cual-quier otro medio distinto al previsto en ella. En tal eventualidad, todo ciudadano investido o ciudadana investida o no de autoridad, tendrán el deber de colaborar en el restablecimiento de su efectiva vigencia.

Artículo 350: El pueblo de Venezuela, fiel a su tradición republicana, a su lucha por la independencia, la paz y la libertad, desconocerá cualquier régimen, legislación o autoridad que contraríe los valores, principios y garantías democráticas o menoscabe los derechos humanos.

43 Cuando el gobierno viole los derechos del pueblo, la insurrección es, para el pueblo y para cada porción del pueblo, el más sagrado de los derechos y el más indispensable de los deberes. Declaración de los Derechos del Hombre y del Ciudadano, 24 junio de 1793, artículo 35.

Existen distintas herramientas que nos ofrece la constitución y nosotros debatiremos con el pueblo cuál de esas herramientas es la más oportuna/ cuál de esas herramientas nos podrá encauzar hacia un cambio lo antes posible/ hacia un cambio lo más profundo/ lo más democrático y que nos permita avanzar hacia una mejor Venezuela//

El autoritarismo como punto de vista

El punto de vista contrario al de La Salida es el del gobierno, su sistema la antidemocracia, el modelo económico equivocado. Este es el punto de vista de un tercero en el discurso. El locutor se manifiesta como no-responsable de este punto de vista y lo contraría.

Y hoy lo decimos como venezolanos preocupados por lo que está ocurriendo/ y lo queremos decir muy claro/ nos oponemos a este gobierno/ nos oponemos a este sistema /nos oponemos a todo lo que representa la antidemocracia// Nos oponemos al modelo económico que tiene sometido al pueblo//

El gobierno también celebra la fecha patria "el gobierno dice celebrarlo también", pero no celebra la *esencia* de la fecha, que para López es el cambio hacia la democracia. Este gobierno a quien él se opone es ineficiente, responsable de la crisis y la inseguridad, de la desesperanza y la ausencia de futuro y por lo tanto representa la posición contraria a la de López. El gobierno es opresión, es quien somete al pueblo y evita el cambio.

No van a someter nuestra rebeldía de querer cambiar lo que hoy significa un gobierno de opresión/ un gobierno de antidemocracia/ un gobierno profundamente ineficiente/ un gobierno culpable de todos los males que hoy estamos viviendo// Es el gobierno el responsable de la crisis económica/ es el gobierno el responsable de la inseguridad/ es el gobierno el responsable de la desesperanza/ es el gobierno el responsable de la falta de oportunidades//

Hay entonces en el discurso de López dos modelos de estado que hablan como puntos de vista contrapuestos. La democracia es el sistema donde el poder emana del pueblo, la antidemocracia es el sistema al que se opone López, el sistema autoritario que ha creado el gobierno desacatando los mandatos de la constitución venezolana. La división de poderes caracteriza al estado democrático; en el estado antidemocrático, como lo llama López, los poderes no están divididos.

Y hoy lo decimos como venezolanos preocupados por lo que está ocurriendo/ y lo queremos decir muy claro: nos oponemos a este gobierno/ nos oponemos a este sistema/ nos oponemos a todo lo que representa la antidemocracia//

Un gobierno corrupto ha secuestrado al estado y paradójicamente los años de mayor ingreso petrolero han sido los de mayor pobreza. El gobierno miente[44]. No hay transparencia porque no hay acceso a información financiera[45].

Hoy en Venezuela hay una cúpula corrupta/ hoy en Venezuela hay una élite que se ha secuestrado el estado venezolano//

La justicia no existe para todos, lo cual es otra de las características de la ausencia de democracia. López quiere un país donde todos los derechos sean para todas las personas:

> [...] un país de oportunidades / un país de empleo/ de progreso/ un país de democracia/ de igualdad ante la ley/ un país de justicia/ [...] una Venezuela donde los jueces puedan tratar a todos por igual/ una Venezuela en donde la democracia sea la esencia de los derechos para todas las personas/ todos los derechos para todas las personas / no parte de los derechos para parte de las personas//

Nos oponemos al modelo económico que tiene sometido al pueblo// nos oponemos al hecho de que en los años de mayor bonanza petrolera/ este año dos mil catorce se cumplen cien años de país petrolero/ y en cien años de país petrolero ésta ha sido la bonanza más pronunciada// El precio del petróleo por encima de los noventa dólares durante los últimos ocho años/ pero paradójicamente los años también de mayores niveles de inflación de mayores niveles de desempleo/ de colas/ de desabastecimiento/ de desempleo y falta de oportunidades//

3.3.4. *Los nexos enunciativos*

Ahora bien, ¿cómo se establece la cohesión discursiva y la coherencia en este texto? ¿Cómo se unen los puntos de vista a los entes discursivos?

Hay dos nexos: el tiempo y la negación.

---

44 *Cf.* Brewer Carías (2015b)
45 Estévez (2015)

El tiempo

Uno de los vínculos más importantes que establecen la cohesión discursiva y también la coherencia con el contexto de la efeméride es la noción del tiempo: el hoy y el ayer, el 23 de enero de 1958, un tiempo ido que se conmemora y glorifica. Se establece, a lo largo de todo el discurso, una contraposición repetida entre el "hoy" desde donde se habla, con lo que ocurría en 1958 en Venezuela: A lo largo del discurso encontramos la oposición entre el presente y el año de 1958, *hoy es veintitrés de enero, hoy veintitrés de enero, todos los veintitrés de enero, hoy años después, más de cincuenta años después.*

> *Hoy es veintitrés de enero*. Todos los *veintitrés de enero* celebramos algo que hoy queremos recordar
>
> *Hoy veintitrés de enero*, que el gobierno dice celebrarlo también, nosotros que estamos en la oposición también lo celebramos.
>
> *Y hoy, años después, más de cincuenta años después*, Venezuela también está sometida a lo mismo que estaba sometida en mil novecientos cincuenta y ocho.
>
> *Y hoy lo decimos* [...] nos oponemos a este gobierno, nos oponemos a este sistema, nos oponemos a todo lo que representa la antidemocracia.

Se establece un nexo temporal argumentativo entre "hoy" —23 de enero de 2014— y el ayer —23 de enero de 1958—, aquel día en que se conquistó la democracia con el momento actual: "Hoy Venezuela está sometida a la oscuridad, y la claridad está en nuestras manos".

La negación

La negación también puede constituirse como un nexo enunciativo. La negación es una reacción a una afirmación real o virtual de los demás; por ello la negación es un signo de polifonía[46]. Estos nexos o huellas de la enunciación son un nexo entre el lenguaje en uso y la lengua, entre el enunciado y la oración. En la proclama que analizamos, hay una serie de negaciones que tienen carácter argumentativo porque parecen discutir una opinión ajena contraria, que se presenta en modo afirmativo; de ahí que sea una marca de la polifonía. Las que citamos a continuación tienen la

---

46 *Cf.* Perelman y Olbrechts Tyteca (1989)

particularidad de presentarse en paralelismos[47], de manera que la repetición le da énfasis a lo que se dice.

(i)

No hay joven en Venezuela hoy que no esté pensando en la posibilidad de irse de Venezuela/

No hay joven en Venezuela hoy que no esté pensando en su futuro incierto/

No hay joven en Venezuela que esté pensando en la posibilidad de salir a las calles y estar tranquilo//

(ii)

Nosotros no sabemos cuándo se va a producir el cambio//

no sabemos si será en un mes, en un año/ en dos años//

pero lo que sí sabemos es que si no comenzamos hoy/ ese cambio no va a llegar//

que *si no comenzamos hoy* ese cambio jamás llegará a las puertas del destino de los venezolanos//

(iii)

no hay fecha/

no hay fecha más oportuna [...]

(iv)

Y en esta jornada de asambleas de calle impulsaremos este *debate/ este diálogo/*

este encuentro con el pueblo/

este encuentro con un pueblo que quiere cambio/

este encuentro con los venezolanos que saben que podemos estar mejor/

este diálogo con los venezolanos que quieren cambio//

este diálogo con los venezolanos que saben que no se justifica tocarle la puerta a un hospital y que digan que no hay insumos/

el diálogo con un pueblo que sabe que no se justifica hacer colas durante siete horas para conseguir dos pollos/

---

47 El paralelismo es una estructura poética que tiene como base la repetición (*Cf.* Alvarez Muro 2008: 164).

un pueblo que sabe que no se justifica que maten a un familiar y que no haya respuesta/

el pueblo que sabe que no se justifica tener un gobierno que robe y robe y no pase nada/

el diálogo con un pueblo que sabe que nosotros tenemos la obligación de señalar a los culpables/ de señalar a los responsables/

También se presenta la negación en forma de *disociaciones* (*cf.* Olbrechts-Tyteca 1989:662) en las cuales el segundo elemento se contrapone al primero.

i) Venezuela necesita un cambio, que tenemos que transitar hacia un cambio de sistema, no sólo un cambio de gobierno, un cambio de modelo.

ii) Venezuela no está por el camino correcto [...] hoy Venezuela tiene que cambiar.

Asimismo, hay otra serie de negaciones de carácter *refutativo* porque se contradice lo que otro puede decir, o se adelanta un argumento contrario, como en los ejemplos siguientes:

iii) [...] nosotros no sabemos qué oportunidad tendremos en el futuro// lo que sí sabemos es que hoy tenemos la oportunidad de hacer este pronunciamiento

Estos nexos señalan la posición del locutor ante lo que dice y en contra del punto de vista contario, que es el del gobierno. De este modo, los nexos guían al interlocutor en el proceso de comprender las opiniones del locutor. En el discurso político, López se sitúa en la oposición y en protesta contra el gobierno opresor[48].

3.4. *Las voces en la plaza*

Las voces que intervienen en discurso del 12 de febrero de 2014 son diferentes de las anteriores. Esto revela detalles del género de los textos, puesto que mientras que en el anterior se presenta una teoría política y es por tanto una proclama, este texto es una exhortación, una arenga a la multitud, un llamado a la acción política. Consideramos aquí también las siguientes instancias discursivas: a) el *locutor* que construye el discurso; b) el *alocutario* o receptor del mensaje; y c) los *puntos de vista* que cons-

---

48 *Cf.* Chilton y Schäffner (2000).

tituyen las voces en su compromiso con las creencias y valores expresados[49].

3.4.1. *El locutor*

El locutor, como vimos, tiene varios niveles; en este segmento analizamos las diferentes voces que integran al locutor: el *animador,* el *autor y el principal.*

El animador

Leopoldo López es el líder que ahora se encuentra frente a una multitud en la plaza O'Leary en Caracas, es quien *dice* el discurso el día 12 de febrero de 2014. Se trata de un hombre joven, vestido informalmente, que exhorta a la juventud a seguirlo en la lucha contra la dictadura.

El autor

López habla en su propio nombre, como dirigente de su partido Voluntad Popular y esta vez además como líder de masas. Por ello, la primera persona del plural se mantiene a través de todo el discurso, de modo que el líder es uno con la multitud presente en la plaza y también con los venezolanos de oposición que quieren el cambio de gobierno.

La primera persona singular (yo) la usa López sólo cuando se refiere a sí mismo en lo más íntimo, en sus pensamientos, en sus deseos y en su petición de compromiso: así comienza haciendo un reconocimiento a los jóvenes venezolanos que sufren la persecución del gobierno y cuando pide asumir el compromiso de lucha, que se convierte en una arenga a la juventud.

> Y yo quiero comenzar haciéndole un reconocimiento a los jóvenes venezolanos/
>
> Yo no quiero vivir secuestrado//
>
> Yo quisiera pedirles a todos los que estamos acá a que asumamos el compromiso de seguir multiplicando/ de seguir creciendo/ de seguir avanzando en la conquista de ese cambio político que nos pertenece// Y les pido que alcemos nuestra mano derecha y digamos:

---

49 Seguimos aquí también la teoría de ScaPoLine de Nølke, Fløttum, Nøren (2004).

Sin embargo, es notable el empleo que hace también de la primera persona plural, que reúne a la multitud que está con él en la plaza. Con el "nosotros" el líder se hace uno con la gente que lo rodea.

> Buenos días, buenos días Venezuela, buenos días los que estamos en Caracas y los que están en toda Venezuela. Hoy esta manifestación se está dando en todo el territorio nacional. Somos decenas de miles, vamos a ser cientos de miles y somos millones de venezolanos los que queremos el cambio político en Venezuela.
>
> Y nosotros hoy queremos reivindicar el derecho [...]
>
> Hoy estamos viviendo un momento oscuro de nuestro país/
>
> ¡Qué contradicción, hermanas y hermanos! En medio de la bonanza petrolera más grande que ha tenido la historia de Venezuela, tenemos la más alta inflación. En medio de esta bonanza petrolera tenemos la más alta escasez, en medio de esta bonanza petrolera

Asimismo, es interesante el uso del "nosotros" en la arenga a la juventud, y en la petición de compromiso:

> No los estamos invitando a que la salida se va a dar en un día o en dos/ Los estamos invitando a la lucha/ los estamos invitando a la calle/ los estamos invitando a que ustedes sean parte de este cambio// Y les quiero decir que esa invitación no es una invitación ajena de riesgos//

De este modo, el cuerpo de la arenga se concentra en la siguiente frase.

> Nosotros, venezolanos y venezolanas [...] asumimos el compromiso de tener vocación de cambio/ la entrega y la determinación/ hasta lograr el cambio político / el cambio social/ que se merece Venezuela//

Con ello el orador logra la unión con su auditorio, de modo que él y los presentes son uno, así como es uno también con los que en otras partes del país quieren un cambio a la democracia.

El principal

Leopoldo López se posiciona en este discurso del lado de la oposición al gobierno. Reconoce la responsabilidad de este en la represión y el sufrimiento de los jóvenes puesto que en esos días han apresado estudiantes en varios estados del país.

Fíjense cómo hemos llegado hasta acá// Hasta que liberen a los presos de Táchira/ de Nueva Esparta y de Mérida//

Por ello reconoce la urgencia de la ocasión, de que el movimiento se haga oportunamente. Considera la rebelión como un deber patriota, nacionalista, como un deber moral y se hace responsable del llamado a la lucha que encarna en este discurso.

Y si el problema que hoy padecen los venezolanos es culpa del gobierno/ y si el gobierno nos dice que no quiere cambiar el modelo/ esto es un deber moral/ como un deber patriota/ como un deber nacionalista/ porque de no hacerlo/ de no hacerlo hoy ¿cuándo? ¿Y si no somos nosotros/ quienes? Por eso es que hoy más que nunca nosotros queremos reivindicar el derecho convertido en deber de estar en las calles de Venezuela//

Ya este movimiento es necesario/ es en la calle y con la protesta en la calle que nosotros podremos activar una salida a este desastre//

Los locutores virtuales

Como vimos anteriormente son las voces de otros personificadas por el locutor. Los terceros pueden ser un elemento discursivo individual o colectivo, que se presenta en tercera persona.

a) En esta oportunidad, los venezolanos también son *ellos,* de quienes se habla, no como alocutarios sino como de personas con derechos o personas abrumadas por los problemas del país:

Y nosotros hoy queremos reivindicar el derecho que tienen los jóvenes y todos los venezolanos de luchar, de estar en la calle/ y de construir un futuro que hoy nos están robando//

Y si el problema que hoy padecen los venezolanos es culpa del gobierno/

b) Con la tercera persona plural se refiere a los estudiantes y a sus familias:

A los jóvenes venezolanos que hoy están en las calles/ pero muy especialmente a los que han sido reprimidos/ a los que hoy están presos/ a los que han sido heridos de bala/ a los que han sido reprimidos por la guardia/ por el ejército/ por la policía/ y por los grupos irregulares del gobierno//

> Le queremos decir a esos jóvenes que no están solos// Sus padres/ sus abuelos/ y toda Venezuela está con los jóvenes venezolanos//

c) Asimismo, entre los terceros de los que habla López en su discurso está Venezuela, a quien nombra diecisiete veces. Se refiere a Venezuela con varios matices:

Como a un país político, comparable con un ente que se mueve, que se acerca al barranco, que se cae, que sufre una crisis, pero que puede recuperarse. Así habla en tercera persona de la manifestación que "se está dando en todo el territorio nacional", con los venezolanos que participan en los encuentros callejeros en todo el país:

> Hoy esta manifestación se está dando en todo el territorio nacional. Somos decenas de miles, vamos a ser cientos de miles y somos millones de venezolanos los que queremos el cambio político en Venezuela.

Como un lugar, un espacio, con calles:

> Por eso es que hoy más que nunca nosotros queremos reivindicar el derecho convertido en deber de estar en las calles de Venezuela.

d) Otro tercero el gobierno, que es responsable de los maltratos a los estudiantes, un tema central en este día porque se lucha por su liberación. En este discurso, el gobierno lo constituye la dictadura, que para el orador es corrupta y ha entregado al país a intereses *foráneos*. Es quien roba el futuro a los venezolanos.

> Y nosotros hoy queremos reivindicar el derecho que tienen los jóvenes y todos los venezolanos de luchar, de estar en la calle, y de construir un futuro que hoy nos están robando.

> [...] narcotráfico metido en el gobierno, corrupción, la entrega de nuestro país a intereses extranjeros.

> Todos esos problemas [...] tienen un culpable: el gobierno. Tiene un grupo que es responsable de todo lo que está pasando.

e) Nuevamente la historia: la auctoritas. En este discurso oímos particularmente la voz de la historia pues se trata de una arenga que recuerda la historia de Venezuela: la arenga de José Félix Ribas a los estudiantes antes de la batalla de La Victoria, que justamente se conmemora ese día 12 de febrero. Pero la oímos como contradicción, como negación del presente:

> Hoy Día de la Juventud deberíamos estar celebrando una Venezuela llena de oportunidades/ deberíamos estar celebrando la juventud hacia el futuro//
>
> Hoy lamentablemente Venezuela está viviendo uno de los peores momentos de nuestra historia//
>
> ¡Qué contradicción/ hermanas y hermanos! En medio de la bonanza petrolera más grande que ha tenido la historia de Venezuela/ tenemos la más alta inflación//

Cabe señalar que Leopoldo López se refiere siempre a la historia democrática, podría llamarse también heroica, de Venezuela. En el discurso de La Salida, el 23 de enero de 2014 hacía mención de la conquista de la democracia después del derrocamiento de la dictadura de Marcos Pérez Jiménez. En este discurso, del 12 de febrero, se refiere a un episodio de la guerra de la independencia de España, donde José Félix Ribas y los estudiantes ganan la batalla de La Victoria, una población del centro del país donde le ganan a Boves, el general español con la ayuda de las tropas de Campo Elías. Es famosa la arenga de Ribas a los estudiantes, que recoge Blanco en su *Venezuela Heroica*:

> Soldados: Lo que tanto hemos deseado se realizará hoy: he ahí a Boves. Cinco veces mayor es el ejército que trae a combatirnos; pero aún me parece escaso para disputarnos la victoria. Defendéis del furor de los tiranos la vida de vuestros hijos, el honor de vuestras esposas, el suelo de la patria; mostrales vuestra omnipotencia. En esta jornada que será memorable, ni aun podemos optar entre vencer o morir: ¡necesario es vencer! ¡Viva la República! (Blanco 1972, 48- 499).

Con una figura retórica —el argumento a contrario[50]— entre la efeméride que debería ser motivo de celebración y la realidad que es la falta de futuro en la patria, la convocatoria de la Plaza O'Leary se vuelve metáfora de la victoria de los estudiantes frente a los realistas.

> Hoy Día de la Juventud deberíamos estar celebrando una Venezuela llena de oportunidades/ deberíamos estar celebrando la juventud hacia el futuro// Pero lamentablemente hoy nuestros jóvenes se preguntan ¿qué voy a hacer yo en el futuro aquí en esta patria?//

---

50 (Perelmann y Olbrechts-Tyteca :1989: 374)

3.4.2. *El receptor o alocutario*

El alocutario es como vimos anteriormente un ente complejo, formado por varias instancias:

a) El receptor directo de la información[51], el alocutario del enunciado lo representa en esta oportunidad la multitud congregada en la plaza.

b) Los receptores indirectos. Son los alocutarios que no reciben sólo el sonido, sino también el mensaje que quiere hacer llegar el autor del discurso, del texto. López le habla a los venezolanos en general, pero también a quienes escuchan el discurso por televisión y a otros venezolanos que también se congregan en las calles para discutir sobre La Salida.

En primer lugar, están los jóvenes venezolanos a los que hace un reconocimiento, ese día, Día de la Juventud. A los que están luchando, están presos y han sido reprimidos por las fuerzas gubernamentales; a ellos les agradece y se declara solidario con ellos; también son solidarios con estos jóvenes sus familias y toda Venezuela.

> Y yo quiero comenzar haciéndole un reconocimiento a los jóvenes venezolanos/ a los jóvenes venezolanos que hoy están en las calles/ pero muy especialmente a los que han sido reprimidos/ a los que hoy están presos/ a los que han sido heridos de bala/ a los que han sido reprimidos por la guardia/ por el ejército/ por la policía/ y por los grupos irregulares del gobierno/ Le queremos decir a esos jóvenes que no están solos// Sus padres/ sus abuelos/ y toda Venezuela está con los jóvenes venezolanos//

Incluso tiene a "Venezuela" como interlocutora. Se dirige a Venezuela, el país, a quien nombra diecisiete veces, y a la población, los venezolanos a quienes nombra ocho veces, distinguiendo en una de ellas a las "venezolanas", quizás por razones rítmicas, dado que es notorio que usa el genérico español para referirse a la población sin distingo de sexo.

El discurso se sustenta en creencias y valores en las que se sustenta. En el discurso se observan dos puntos de vista: el de la Venezuela luchadora y la de la dictadura contra la cual se convoca a luchar.

La lucha está del lado suyo, es la gente congregada en la plaza, la gente que quiere un cambio y quienes se oponen al gobierno:

---

51 *Cf.* Nølke (2000), Ducrot (1984)

Somos decenas de miles, vamos a ser cientos de miles y somos millones de venezolanos los que queremos el cambio político en Venezuela//

También representan este punto de vista los jóvenes que han sido reprimidos y que hoy están presos y heridos por las fuerzas del gobierno y a quienes les hace un reconocimiento:

> A los jóvenes venezolanos que hoy están en las calles/ pero muy especialmente a los que han sido reprimidos/ a los que hoy están presos/ a los que han sido heridos de bala/ a los que han sido reprimidos por la guardia/ por el ejército/ por la policía/ y por los grupos irregulares del gobierno//

Ese punto de vista también lo representan las familias de estos jóvenes y "toda Venezuela"

> Le queremos decir a esos jóvenes que no están solos// Sus padres/ sus abuelos / y toda Venezuela está con los jóvenes venezolanos//

Ese "nosotros" representado por el orador y su audiencia es quien tiene el deber moral de luchar para lograr el retorno de la democracia:

> Esto es un deber moral/como un deber patriota/ como un deber nacionalista/ porque de no hacerlo/ de no hacerlo hoy ¿cuándo? ¿Y si no somos nosotros, quienes?

3.4.3. *Los puntos de vista*

Nuevamente hay dos puntos de vista opuestos. El primero, es el de la democracia, que ahora está mostrado negativamente, por su ausencia, por la crisis, por la represión a la que ha sido sometida la juventud, por el momento oscuro de la historia del país. Hay dictadura y se llama a la lucha, a tomar riesgos por el futuro de los jóvenes.

El segundo punto de vista es el modelo equivocado. Hay una denuncia del gobierno como culpable de la situación del país, pero también como también responsable de no querer escuchar las recomendaciones de cambiar de modelo, pero se trata más bien de una explicación de la situación para que la población la entienda: que vea que la totalidad de los problemas es responsabilidad del gobierno; que entienda que hay una contradicción financiera porque el país recibe una cantidad inusual de dinero y la población padece miserias; que entienda que el origen del caos es la aplicación de un modelo equivocado, como es el modelo comunista de economía estatal.

> Hoy estamos viviendo un momento oscuro de nuestro país/ Todos esos problemas la escasez/ la inflación/ la inseguridad/ la falta de oportunidades/ tiene un culpable/ el gobierno// Tiene un grupo que es responsable de todo lo que está pasando//
>
> ¡Qué contradicción, hermanas y hermanos!// En medio de la bonanza petrolera más grande que ha tenido la historia de Venezuela/ tenemos la más alta inflación// En medio de esta bonanza petrolera tenemos la más alta escasez/ en medio de esta bonanza petrolera tenemos el más alto desempleo para nuestros jóvenes//
>
> ¿Y saben por qué? //Porque aquí en Venezuela se pretende instalar y se ha venido avanzando un modelo equivocado/ un modelo que no es que nos está acercando al barranco//ya Venezuela se está cayendo por un barranco// Ya no es que vamos cerca a estar en la crisis, ya hoy Venezuela está en una profunda crisis//

En este discurso la arenga está dirigida a los venezolanos que quieren el cambio y especialmente a la juventud que no tiene futuro en el país.

3.4.4. *Los nexos enunciativos*

En estructura polifónica son, como vimos, los nexos enunciativos[52] precisan la posición de entes discursivos con relación a los puntos de vista presentados en el enunciado. El más importante parece ser el nexo de responsabilidad, el juicio del punto de vista que el locutor hace suyo.

El tiempo

El nexo más fuerte que se observa en este discurso es el nexo temporal con la historia de Venezuela. El acontecimiento tiene lugar cuando se conmemora el Día de la Juventud, una oportunidad en la que se recuerda la lucha promovida por José Félix Ribas contra Boves, el general español. Se recuerda como una gesta heroica, ya que fue librada por los estudiantes, de los liceos y la universidad. La lucha va precedida por una arenga, en la cual Ribas, según el historiador Blanco, se dirige así a los estudiantes:

> Soldados: Lo que tanto hemos deseado se realizará hoy: he ahí a Boves. Cinco veces mayor es el ejército que trae a combatirnos; pero aún me parece escaso para disputarnos la victoria. Defendéis del furor de los tiranos la vida de vuestros hijos, el honor de

---

52 *Cf.* Nølke (2001).

vuestras esposas, el suelo de la patria; mostrales vuestra omnipotencia. En esta jornada que será memorable, ni aun podemos optar entre vencer o morir: ¡necesario es vencer! ¡Viva la República! (Blanco fecha, 48-49)

De modo que quien conoce la historia de Venezuela —algo que se estudia en las escuelas— entiende inmediatamente el espíritu de la proclama de López, al recordar justamente en ese día, lo acontecido hace más de un siglo. De ahí que las menciones al tiempo sean frecuentes en este discurso:

> Hoy Día de la Juventud deberíamos estar celebrando una Venezuela llena de oportunidades/ deberíamos estar celebrando la juventud hacia el futuro//
>
> Hoy lamentablemente Venezuela está viviendo uno de los peores momentos de nuestra historia//
>
> Hoy estamos viviendo un momento oscuro de nuestro país//

La arenga, que recuerda solemnemente la de Ribas, es precedida por una reflexión, que hace con el auditorio sobre la necesidad moral y patriota de entrar en la lucha.

> Y si el problema que hoy padecen los venezolanos es culpa del gobierno/ y si el gobierno nos dice que no quiere cambiar el modelo/ esto es un deber moral/ como un deber patriota/como un deber nacionalista/ porque de no hacerlo/ de no hacerlo hoy ¿cuándo? / ¿Y si no somos nosotros, quienes? //

La repetición

Este discurso es por sus características una arenga, situada en una plaza pública, donde el auditorio es una multitud que inicia una manifestación. La voz del locutor se une a la del alocutario, que al final del discurso lo sigue repitiendo lo que éste dice. Como puede verse en el texto que citamos a continuación, el diálogo se inicia cuando la multitud le grita a López una de las consignas de los jóvenes, "no tenemos miedo". El locutor toma la frase y la continúa, repitiendo esta vez una de sus propias consignas: "sí se puede". Así se establece un diálogo repetitivo, casi una letanía, donde se manifiesta el compromiso que ese día asumen el líder y sus partidarios. Las voces de la plaza conforman así una sola voz con la del líder.

> ¡No tenemos miedo! ¡No tenemos miedo!

Y como dicen "no tenemos miedo"// No tenemos miedo de estar en la calle y estamos en la calle// Yo les pregunto a ustedes/ hermanas y hermanos ¿Se puede o no se puede? // ¡Síí!

Que se escuche ¿Se puede o no se puede? //

Sí se puede/ sí se puede/ sí se puede

Bueno yo quisiera/ yo quisiera... ¡sí se puede!/¡ sí se puede! //

Sí se puede/ sí se puede/ sí se puede//

Yo quisiera pedirles a todos los que estamos acá a que asumamos el compromiso de seguir multiplicando/ de seguir creciendo/ de seguir avanzando en la conquista de ese cambio político que nos pertenece// y les pido que alcemos nuestra mano derecha y digamos:/

"Nosotros/ venezolanos y venezolanas/ *"Nosotros/ venezolanos y venezolanas/*

comprometidos con nuestra historia /*comprometidos con nuestra historia/*

de lucha por la libertad/ *de lucha por la libertad/*

comprometidos hoy Día de la Juventud/*comprometidos hoy Día de la Juventud /*

con el futuro de nuestros hijos/ *con el futuro de nuestros hijos/*

asumimos el compromiso de tener vocación de cambio// *asumimos el compromiso de tener vocación de cambio//*

la entrega y la determinación/ *la entrega y la determinación/*

hasta lograr el cambio político/ *hasta lograr el cambio político/*

el cambio social/ *el cambio social/*

que se merece Venezuela/ *que se merece Venezuela//*

¡Que viva Venezuela! //*¡Que viva Venezuela! //*

¡Que viva el futuro de Venezuela! // *¡Que viva el futuro de Venezuela!*

¡Que vivan nuestros jóvenes!/ ¡Que vivan nuestros jóvenes!//

La repetición forma, desde el punto de vista discursivo, uno de los nexos que establecen la responsabilidad en el discurso, compartida esta vez en un diálogo donde el alocutario imita al locutor y asume sus palabras en una sola voz.

3.5. Consideraciones

En este capítulo hemos estudiado las voces del discurso de Leopoldo López, dirigente político venezolano preso por la dictadura. En ambos discursos López ejerce su derecho a la resistencia, a la oposición y a la protesta. Del hecho de que el delito que condena a Leopoldo López sea un delito de lenguaje, surge el interés en observar cómo se construyen las voces en estas intervenciones públicas. La primera intervención corresponde a la conmemoración —que no celebración, dadas las condiciones del país en ese momento— del derrocamiento de la dictadura perezjimenista en 1958 y el inicio de la etapa democrática que duró cuarenta años es una alocución en una televisora. Se puede considerar un compendio del pensamiento político de López. En esta proclamación oímos las voces de la democracia representada por la oposición y su contra-voz, la antidemocracia, representada por el gobierno. La polifonía se evidenció como un acercamiento válido al estudio del discurso político.

En la proclama de La Salida, el locutor LOC es el constructor de la enunciación y está a su vez compuesto por varias instancias: el animador que toma la palabra, es Leopoldo López quien habla en representación de un grupo de dirigentes presentes en la televisora. Es también el autor del discurso quien ha dado su estilo a las palabras. Habla en su propio nombre, como cabeza de su partido pero también como la voz de la oposición que propone La Salida.

Los terceros, son las voces de otros también construidas por el locutor. Estas son: los locutores virtuales, sus compañeros en el escenario y la historia como autoridad; el no-locutor, el pueblo y finalmente el gobierno a quien se opone López.

El alocutario, se construye en contraste al locutor con varias voces: el alocutario de la enunciación constituido por quienes oyen a través de los medios en todo el país. Otros a quienes va dirigido el discurso son los venezolanos en general, mujeres, hombres, jóvenes, viejos, indios, criollos, negros y blancos, pero también el "hermano" y la "hermana" a quien necesita. "Venezuela" es también un interlocutor.

Los puntos de vista representan las creencias y valores en los cuales se sostiene el discurso. Se encontraron dos puntos de vista que representan dos modelos diferentes de gobierno, que incluyen dos concepciones de los derechos humanos y del derecho a la desobediencia. Son la democracia y el autoritarismo. Los nexos enunciativos muestras las relaciones entre los puntos de vista y las personas discursivas. Como nexos enunciativos describimos el tiempo y la negación.

El segundo de estos discursos que hemos considerado una arenga se desarrolla en una plaza pública, donde el auditorio es una multitud que va hacia una caminata. La voz del líder, el locutor, se une en forma emotiva a la del alocutario de modo que al final se convierten en una sola voz. Las voces que intervienen en el segundo discurso son diferentes de las del primero, lo cual refiere también a los distintos géneros de los discursos: mientras el primero es una proclama, el segundo es una arenga.

En el discurso de la plaza, también es Leopoldo López el animador del enunciado, ahora como líder frente a una multitud. Como autor habla en su propio nombre y como dirigente de su partido, pero también como líder de masas. El empleo de la primera persona plural, nosotros, le permite unirse al auditorio presente y también con quienes desde otras partes del país quieren un cambio.

Entre los terceros encontramos aquí a los venezolanos en todo el territorio nacional quienes padecen por culpa del gobierno, y los estudiantes y sus familias, a quienes dedica un reconocimiento. Otro tercero es Venezuela, a quien se refiere como país y como lugar. Como tercero de autoridad encontramos a la historia, presente siempre en los discursos de López, pues evoca la arenga de José Félix Ribas en la batalla de la Victoria. La voz de la historia apoya desde el pasado. Finalmente, está el gobierno como tercero, culpable del desastre.

López se dirige esta vez como alocutarios a la multitud en primer plano, pero también a los venezolanos quienes escuchan a través de los medios. Le habla a Venezuela. Este discurso no está dirigido a los gobernantes, sino a los venezolanos que quieren el cambio y especialmente a la juventud que no tiene futuro en el país.

En el discurso se observan dos puntos de vista: el de la Venezuela luchadora y la de la dictadura contra la cual se convoca a luchar, los jóvenes reprimidos y presos y sus familias. El modelo equivocado que ha llevado a Venezuela a la crisis, la dictadura que ha entregado al país a intereses foráneos es el otro punto de vista contrario al de López.

El nexo enunciativo más fuerte que se observa en este discurso es tiempo en el nexo con la historia de Venezuela. La repetición es un elemento muy importante en el discurso, porque lo inicia la multitud, con la consigna "no tenemos miedo". Es el locutor quien continúa la frase que han iniciado los jóvenes y forma una sola voz con la multitud.

4 LA VISIÓN FORENSE DEL DISCURSO DE LEOPOLDO LÓPEZ

> *Legal battles over language almost beg for a linguistic analysis that bridges the sometimes abstract world of the classroom to the everyday reality of life.*
> Roger Shuy, Fighting over words[53].

La acusación en el juicio de Leopoldo López se basó en dos experticias forenses, una sobre sus intervenciones públicas y otra sobre sus tuits, citadas en las declaraciones de los fiscales y en la sentencia de la juez del caso. Este capítulo se concentra en los actos de habla usados en dos de sus discursos públicos, y su testimonio durante el juicio, comparándolos con los actos de habla que le atribuye la acusación[54]. El análisis lingüístico de estos actos de habla supuestamente criminales, muestra una gran divergencia entre la forma como son percibidos por la acusación y por la defensa.

El discurso de López indica que él mismo considera esos eventos comunicativos como discurso político[55] pero el examen del lenguaje que él usa no comprueba la acusación de que López alentó la violencia pública. Un problema adicional es que los expertos lingüistas de la acusación lle-

---

[53] Las batallas legales sobre el lenguaje casi suplican por un análisis lingüístico que lleve del mundo a veces abstracto del salón de clases a la realidad diaria de la vida.
[54] *Cf.* Shuy (2013, 2014).
[55] Chilton (2004)

garon a conclusiones sobre su culpabilidad que caen fuera del alcance de la lingüística y por lo tanto no fueron ni apropiadas, ni relevantes[56].

Más allá de las circunstancias del encarcelamiento de Leopoldo López por el delito de opinión, que constituye el motivo del juicio a este político se trata aquí de desentrañar el sentido del discurso del político, antes y durante el juicio, así como la visión de la fiscalía del discurso del acusado. Del mismo veredicto condenatorio se desprende que ambas partes significaron de manera opuesta. Por ello el análisis de los actos de habla y del contexto en que estos fueron proferidos nos acerca aclarar el sentido de lo que verdaderamente se dijo en las dos partes, la acusación y la defensa.

Para este capítulo tomamos en cuenta declaraciones de diferentes géneros discursivos: las declaraciones en el juicio, la interrogación por un fiscal, la sentencia final por la juez y los discursos públicos de López. Tomamos en cuenta aquí nuevamente los discursos de Leopoldo López del 23 de enero y 12 de febrero de 2014, así como su testimonio en el juicio y sus respuestas a la fiscal Sanabria tal y como fueron transcritos en el texto de la sentencia condenatoria expedida por la juez. No se citan aquí las declaraciones de los abogados de la defensa, dado nuestro interés era comparar y contrastar lo que había dicho López con los que los tres fiscales y la juez reportan que el acusado dijo.

Para representar el discurso de la fiscalía, y comparar lo que dijo López con las declaraciones de los fiscales y la juez Barreiros, se uso también el texto de la Sentencia Condenatoria, así como el interrogatorio de la fiscal Sanabria. En este capítulo, las declaraciones de los dos expertos forenses en lingüística no se citan directamente, sino que se consideran solo en la medida en que fueron citados y usados por la acusación.

Con la finalidad de hacer comprensibles las dificultades para los análisis de este juicio, debe aclararse que el público no tuvo acceso a las audiencias. A la defensa no se le permitió llamar testigos ni expertos forenses. No hemos tenido acceso a transcripciones del juicio mismo. Dado que se considera ilegal emplear las experticias forenses que formaron parte del juicio, tampoco lo hacemos aquí.

---

56 *Cf.* Carías (2015a) sobre la parcialidad de los expertos forenses en el juicio a Leopoldo López.

4.1. El juicio desde la visión forense

El hecho de que el juicio a López estuviera basado en experticias lingüísticas causó conmoción en la academia, no solo por lo poco común de este tipo de pruebas[57], sino porque la universidad ha sido víctima del chavismo debido a la posición crítica mantenida por las casas de estudio hacia el gobierno. La acusación se centró en los reportes forenses de dos profesores de la Universidad de Los Andes. Las declaraciones de los fiscales se refieren reiteradamente tanto a estos estudios como a las declaraciones de los profesores. La sentencia final de la juez cita incluso verbatim las declaraciones de la experta lingüista sobre el discurso del acusado, tanto que confunde varias veces los sujetos de la enunciación y llega a decir despropósitos —por su calidad precisamente de jurista— como "yo sin ser abogado pero conocedora de la constitución como toda venezolana" (Juez Barreiros, SC: 263; cita verbatim de experta lingüista, SC: 177).

Roger Shuy, un lingüista forense de amplia experiencia, reitera en sus escritos[58] que los juristas se refieren generalmente a los "pasajes de pistola humeante" *(smoking gun passages)* y olvidan el contexto en que se profieren las palabras. El propone como contrapartida partir de lo más general, las situaciones donde se usa el lenguaje, para ir descendiendo hacia los esquemas mentales de los hablantes, sus planes comunicativos, lo que llegan a decir y otros elementos más abstractos como las oraciones, las frases, las palabras y los sonidos. Shuy propone una pirámide invertida que contiene los pasos a seguir, como se observa en la Tabla 1. A pesar de que todos los elementos de la pirámide invertida son importantes, la

---

57 Cabe señalar que las experticias forenses basadas en el lenguaje no son comunes en Venezuela. Como experticias lingüísticas cabe citar sólo dos, Espar y Mora (1992) y Bolívar y Erlich (2011). En ambos casos se trató de experticias solicitadas por la defensa.

Espar y Mora (1992) trabajan sobre dos experticias realizadas por ellas para un Instituto de Naciones Unidas para la Prevención del Delito y la Asistencia al Delincuente. La primera sobre un caso de asesinato, la segunda sobre tráfico de drogas.

Bolívar y Erlich (2011) presentan una reflexión crítica sobre una experiencia de las autoras a raíz de una experticia lingüística que realizaron para un canal de televisión venezolano opositor al gobierno de Chávez. El estudio se concentra en el informe y en el interroga-torio al que fueron sometidas por parte del gobierno.

58 *Cf.* Shuy (1993, 2008, 2010, 201 y 2012).

naturaleza de la evidencia lingüística determina cuáles son las más relevantes para el análisis[59].

Tabla 1 Pirámide invertida según Shuy (2013: 8)

Lo crucial en los análisis forenses es describir el uso del lenguaje de manera que abarque desde el contexto hasta la más pequeña de las unidades. Por ello nos referimos a cada uno de los elementos esbozados por Shuy (2013) en orden decreciente. Los iremos definiendo a medida en que avancemos en la consideración de los materiales.

4.1.1. Los eventos comunicativos

Los eventos comunicativos son actividades identificables por los mismos participantes en la cultura, los *cultural insiders*. En el lenguaje tienen un rol central en la definición de cada evento, y se rigen por reglas y convenciones que, si bien no son explícitas, refieren a lo que se considera válido en una comunidad[60]. Los eventos que se analizan aquí son de varios tipos. Los dos primeros tienen un carácter eminentemente simbólico dadas las fechas en las que se realizan.

El discurso de Leopoldo López del 23 de enero conmemora el derrocamiento de Pérez Jiménez y puede considerarse una proclama. Es un discurso televisado. López está rodeado de personas que lo acompañan, miembros de diversas organizaciones políticas de oposición. Se trata de

---

59 *Cf.* Shuy (2013, 2014) para esta sección.
60 *Cf.* Gumperz (1972), Gumperz y Cook Gumperz (1990),

una notificación pública acerca de la constitución de un movimiento que se ha llamado *La Salida*, que propone realizar reuniones en las calles para discutir acerca de las posibilidades que ofrece la constitución venezolana para cambiar el gobierno.

El segundo de los discursos de López es una arenga política, realizada en una manifestación en una plaza pública, antes de una marcha en el Día de la Juventud. Se conmemora la batalla de la Victoria, antes de la cual el prócer, José Félix Ribas, arengó a la juventud para ir a luchar contra la dominación española.

El tercero de los discursos de López es su declaración en el juicio donde se le acusa de haber causado la violencia el día 12 de febrero, ocurrida luego de la manifestación en la que murieron tres personas por la embestida de las fuerzas gubernamentales. Como correlato de este día, los manifestantes agredieron con piedras el edificio de la fiscalía, cuando loe estudiantes reclamaban la presencia de la Fiscal General de la República, que no acudió, sino que prefirió quedarse dentro del edificio.

Las declaraciones de la acusación están representadas por las declaraciones de tres fiscales: los fiscales Nieves, Silva y Sanabria. Estos argumentan en contra del acusado, y lo hacen responsable de haber manipulado a los manifestantes con su palabra para que cometieran los hechos violentos. La sentencia de la juez Susana Barreiros es un dictamen, y es la sentencia definitiva donde como juzgadora, concluido el juicio, resuelve sobre el asunto del mismo y condena al acusado a cumplir casi catorce años de prisión.

4.1.2. *Los esquemas*

Los esquemas refieren a los planes mentales que sirven como guías para la acción y el pensamiento de un hablante. Los participantes traen conocimientos, actitudes, ideas, creencias y valores hacia la información adquirida recientemente. Se usan como instrumentos lingüísticos, a pesar de que originalmente fueron definidos como constructos psicológicos[61]. Hay en el juicio dos esquemas opuestos, el de la acusación y el de la de-

---

[61] 'Schema' refers to an active organisation of past reactions, or of past experiences, which must always be supposed to be operating in any well-adapted organic response (Bartlett 1995, 201). (El esquema refiere a una organización activa de reacciones o experiencias pasadas, que se supone operan siempre en cualquier respuesta orgánica bien adaptada).

fensa. Estos esquemas están representados en los actos de habla de ambas partes.

La fiscalía parte del hecho de la culpabilidad de López, por haber expresado opiniones desfavorables al gobierno, haberlo criticado, acusado de los males y de la crisis del país y, además, de haber usado supuestamente su discurso para crear la violencia ese día.

Por el contrario, el esquema de la defensa es que López es inocente. López ha ejercido simplemente la libertad de expresión garantizada por la democracia que le da el derecho de criticar al gobierno y de exigirle el cumplimiento de sus compromisos democráticos. Asimismo sostiene que el ciudadano tiene el derecho a la desobediencia civil cuando la vida democrática se ve amenazada por el gobierno.

4.1.3. *Las agendas discursivas*

Las agendas discursivas refieren a los temas que introducen y reciclan y las respuestas a los temas introducidos por otros. Lo que la gente quiere y trata de decir constituye su agenda conversacional. Una clave importante de la agenda de una persona puede encontrarse en los temas que se introducen y reciclan a lo largo de la conversación. Otra clave puede encontrarse en las respuestas de una persona a los temas introducidos por uno o más de los participantes en la misma conversación o en una serie de conversaciones relacionadas.[62] Las agendas se relacionan además con tres conceptos que corroboran la intención del acusado de cometer un crimen. Estos son:

La PREMEDITACIÓN es importante porque la evidencia de premeditación trae consigo penalizaciones mayores que los crímenes no premeditados. Se refiere a que se lleva a cabo un crimen con deliberación y planificación, que se construye conscientemente con antelación.

La VOLUNTARIEDAD es un concepto importante en el juicio a López. Voluntario quiere decir algo hecho con propósito o intención, libre de interferencia, no impelido por una influencia externa". De esta definición se desprende que la voluntariedad es un estado mental que se relaciona directamente con la predisposición, y la intencionalidad[63]. Según el DLE voluntariedad es 1. f. Cualidad de voluntario. 2. f. Determinación de la propia voluntad por mero antojo y sin otra razón para lo que se resuelve.

---

62 *Cf.* Shuy 2013.
63 Shuy (2014: 118) cita de *Black's Law Dictionary*.

La INTENCIÓN O INTENCIONALIDAD es resolución mental o la determinación de llevar a cabo un crimen[64] *La Enciclopedia Jurídica*, por su parte, la define de la siguiente manera: (Derecho Penal) Conciencia ilustrada y voluntad libre de trasgredir las prescripciones de la ley penal. Determinación volitiva o de la voluntad en orden a un fin. Propósito de conducta. | Designio reflexivo de obrar o producir un efecto. | Plan, finalidad. | Cautela maliciosa.

En la declaración de los fiscales y la juez del caso hay tres temas fundamentales, el de la violencia contra el patrimonio, la capacidad de López como líder y la búsqueda de la ruptura del hilo constitucional por parte del acusado.

En relación con la violencia callejera, se repiten los temas de los daños ocurridos por parte de los estudiantes, el ataque desmedido contra el patrimonio nacional, los hechos vandálicos ocurridos y los disturbios. Se trata de hechos que según la fiscalía se desencadenan a partir del verbo de López, esto es, del aparente efecto perlocutivo de sus palabras. Según la fiscalía el discurso apasionado del líder es capaz de mover masas.

Se sostiene que se trata de un líder capaz de manipular a la juventud. López busca según la fiscalía obtener el poder, lo cual hace de modo inadecuado e incorrecto, pues no usa las vías que ofrece la constitución. En efecto, su discurso buscaría calentar las calles y llamaría a la sublevación incluso a través de símbolos como la figura de Betancourt[65] recordada por López. Sostiene la fiscalía que el acusado descalifica al presidente, acusa al gobierno y con ello intenta según la fiscalía salir de Maduro y romper el hilo constitucional.

Las agendas se relacionan también con la premeditación, la voluntariedad y la intención. En la acusación se reitera el hecho de que el discurso sea premeditado porque fue preparado con antelación. Además, de que López se abroga la representación de todo el pueblo venezolano. Se habla de determinación, lo que se describe al afirmar que López "no consintió en el mismo lanzar esas piedras sino que esa determinación provoco (sic) que esas personas provocadas por esos mensajes fueron los que reaccionaron por esos hechos".

---

64 Shuy (2014: 35).
65 Rómulo Betancourt fue un estadista venezolano, autor de libros emblemáticos para la democracia, que se sublevó contra la dictadura de Pérez Jiménez. El gobierno considera a Betancourt un enemigo.

De esta manera se subraya el compromiso de Leopoldo López con el contenido de la proposición de salir a las calles, y salir de Maduro. La salida se entiende como un "programa negativo" según la juez Barreiros, refiriéndose al programa semiótico analizado por la experta, a una transformación que lleva a un cambio de gobierno y de sistema. La voluntariedad está mencionada en las palabras de Nieves, cuando afirma que López actúa "sin ningún tipo de texto que tenga donde apoyarse". De acuerdo con Sanabria, López actúa con intención y conciencia de violentar la ley en su condición de líder, que debería ser responsable pero que usa mal su libertad de expresión.

En los textos de Leopoldo López, en cambio, se encuentran los siguientes temas:

En primer lugar el acusado se declara inocente de la violencia callejera y de haber incendiado edificios, de lo que se le culpa. Esto no lo coarta de asumir el compromiso y la responsabilidad de las denuncias que ha hecho y hace en el mismo juicio en contra del gobierno. Sostiene su derecho constitucional a la protesta y su derecho a expresarse.

Exige de sí mismo y de quienes lo siguen entrega y determinación. Al mismo tiempo aboga por la no violencia y denuncia la represión por parte del estado a los jóvenes, la anti-democracia que rige el país y la corrupción de los entes del estado. Por lo tanto, se opone a este gobierno.

Pide cambios hacia una mejor Venezuela. La Salida implica la calle como lugar de discusión para decidir cuál es el camino para resolver la crisis. La salida debe ser constitucional, popular y democrática.

¿Qué ocurre con la premeditación, la voluntariedad y la intención? El compromiso de Leopoldo López, según sus palabras, es con la democracia y con la idea de salir del desastre, es decir, de buscar una solución constitucional hacia el cambio. Su agenda es ciertamente premeditada y aboga voluntariamente por una vía democrática hacia la institucionalidad, lo que incluye el riesgo potencial de perder su propia libertad, puesto que se entrega para exigir justicia de una "justicia injusta".

4.1.4. *Los actos de habla*

Los actos de habla son enunciados, unidades de lenguaje que realizan una acción por el mismo hecho de proferirse. Los actos de habla son los enunciados propiamente dichos, las unidades de lengua en uso, relacionados con el cotexto y el contexto del discurso. Están sujetos a convenciones de pertinencia.

Llamados también actos ilocutivos[66] se dan en la medida en que la enunciación misma constituye el acto o, lo que es lo mismo, el acto se realiza al decir algo. Si digo, "discúlpame por lo que dije", el acto mismo de decirlo constituye una disculpa.

Un acto de habla tiene tres niveles: el primer nivel es lo que se dice textualmente, las palabras y se llama el nivel locutivo; en el caso anterior "discúlpame-por-lo-que-te-dije".

El segundo nivel tiene una intención, una fuerza pragmática y algunas condiciones llamadas de felicidad que se requieren para que el acto sea completo. En el ejemplo anterior, la condición de felicidad es mi arrepentimiento sincero por saber que hice algo que molestó a mi interlocutor.

La fuerza perlocutiva se refiere a las consecuencias de los enunciados. Si mi disculpa fue suficiente para quitarte el enojo, si causó consecuencias ulteriores, etc.

Pero además, los actos de habla pueden ser clasificados según su intención o finalidad. Se distingue entre actos representativos o asertivos, directivos, compromisorios, expresivos y declarativos[67].

En la tabla 2. vemos los actos de habla que hemos encontrado en los textos de López, y los que encuentra la fiscalía.

Tipos de actos	ACTOS DE HABLA	LÓPEZ	FISCALÍA
Compromisorio	Arengar	x	
Compromisorio	Jurar	x	x
Compromisorio	Responsabilizarse	x	
Directivo	Invocar	x	x
Directivo	Determinar		x
Directivo	Incitar		x
Directivo	Persuadir		x
Directivo	Solicitar	x	
Directivo	Reclamar derechos	x	
Expresivo	Aclamar	x	

---

66 *Cf.* Austin (1962).
67 Searle (1969).

Expresivo	Agradecer	x	
Expresivo	Apoyar	x	
Representativo	Denunciar	x	x
Representativo	Opinar	x	x
Representativo	Oponerse	x	x
Representativo	Proponer (ofrecer opciones)	x	x
Representativo	Reportar	x	

Tabla 2 Tipos de actos de habla en el discurso de Leopoldo López

Actos compromisorios

Entre los actos compromisorios que encontramos en el texto están *arengar, jurar* y *responsabilizarse*. En ellos el hablante ofrece llevar a cabo la proposición del enunciado. El primero de ellos lo encontramos en la manifestación del 12 de febrero donde López, emulando al prócer celebrado ese día, José Félix Ribas, arenga a la multitud para comprometerla en la lucha por la democracia; esta multitud repite su propio compromiso con la causa. Puede considerarse también un juramento como lo hace el fiscal Silva en el texto de la sentencia condenatoria. Asimismo representa un compromiso, "de entrega y determinación" de su parte, que reclama también de sus seguidores.

(1) Bueno yo quisiera/ yo quisiera//¡Sí se puede/ sí se puede! Yo quisiera pedirles a todos los que estamos acá a que asumamos el compromiso de seguir multiplicando/ de seguir creciendo/ de seguir avanzando en la conquista de ese cambio político que nos pertenece// Y les pido que alcemos nuestra mano derecha y digamos: "Nosotros/ venezolanos y venezolanas/ comprometidos con nuestra historia / de lucha por la libertad/ comprometidos hoy Día de la Juventud/ con el futuro de nuestros hijos/ asumimos el compromiso de tener vocación de cambio/ la entrega y la determinación/ hasta lograr el cambio político/ el cambio social/ que se merece Venezuela//¡Que viva Venezuela! ¡Que viva el futuro de Venezuela!//¡Que vivan nuestros jóvenes!// Y salgamos hoy/ salgamos/ salgamos a caminar con firmeza/ con fuerza/ asumamos la no violencia/ nuestro terreno/ la calle; nuestra la lucha/ la no violencia// Que Dios los bendiga! // Muchísimas gracias// (Texto 2)

Actos directivos

En los actos directivos el hablante desea que el oyente haga algo. Entre estos están *invocar, incitar, persuadir, pedir* y *reclamar derechos*. Hemos encontrado convocatorias o invitaciones a la acción en los enunciados de López, reconocidas así por la fiscalía. El ejemplo (2) está tomado del discurso del 23 de enero, el ejemplo (3) de la juez Barreiros.

(2) Y es por eso que nosotros <u>invitamos</u> al pueblo venezolano/ a todos los que quieran cambio/ a todos los que quieran que Venezuela pueda mejorar/ a todos los que sueñen con una Venezuela de paz/ con una Venezuela de bienestar/ con una Venezuela de progreso/ a todos los venezolanos que saben que podemos estar mejor/ a todos los venezolanos que saben que podemos tener un país de oportunidades/ un país de empleo/ de progreso/ un país de democracia/ de igualdad ante la ley/ un país de justicia/ [...] Una Venezuela en donde la democracia sea la esencia de los derechos para todas las personas/ todos los derechos para todas las personas/ no parte de los derechos para parte de las personas// (Texto 1)

(3) [..] El ciudadano Leopoldo López, expresándose a través de los distintos medios de comunicación *hizo llamados a la calle* los cuales produjeron una serie de hechos violentos, desconocimiento de las autoridades legitimas y la desobediencia de las leyes [...] (Juez Barreiros)

En el contexto del juicio López *solicita* y *reclama derechos*. Así, en el ejemplo (4) vemos cómo pide la liberación de los estudiantes enjuiciados con él. En el ejemplo (5) reclama su derecho a la libertad de expresión.

(4) Finalmente ciudadana Juez *yo quisiera solicitarle* que dada esa circunstancia ciudadana Juez yo si quisiera entendiendo que esto es político que usted evalúe la posibilidad de dejar en libertad a los jóvenes Coello y Holdack, si para dejare (sic) preso a mí los necesita a ellos como prueba de que hubo un determinador y un determinado yo pediría que el peso del castigo político lo asuma yo completo [...]. (Texto 3)

(5) A usted puede que no le guste lo que yo le estoy diciendo, pero *yo tengo todo mi derecho de decirlo* porque si no, no viviríamos en democracia, porque esa es la esencia de una democracia (Texto 3)

Los actos de habla de *determinar, incitar* y *persuadir* o *manipular* están en el texto de la fiscalía. El fiscal Nieves, define lo que considera como "determinar" en el ejemplo (6) y habla de cómo, según los expertos forenses, Leopoldo López incitó a la población a la violencia. La fiscal Sanabria acusa a López de manipular a los jóvenes (7).

> (6) *Determinados (sic)* no es quien determina, es quien ejecuta los hechos y coincide con los autores materiales de esos hechos, la participación del ciudadano Leopoldo Eduardo López Mendoza, no consintió en el mismo lanzar esas piedras, hormigones, sino que esa determinación provoco (sic) que esas personas provocadas por esos mensajes fueron los que reaccionaron por esos hechos. *La Experta [...] índico (sic) aquí que el discurso conduce a una acción puede llevar a la violencia* como lo que ocurrió ese día, es decir que por esos mensajes, por esos discursos, esos manifestantes acudieron ese día (Fiscal Nieves)

La fiscalía asegura que López tiene el poder de mover masas, como lo tiene el juez al emitir una sentencia. Cabe señalar, sin embargo, que se trata de formas de poder de distinta índole. Una forma para acusarlo de esto es hablando de su habilidad como líder, un argumento hecho por le experta lingüista de la fiscalía y retomado tanto por la fiscal Sanabria (7).

> (7) En este sentido la experta aseguro claramente que el dirigente de voluntad popular no hizo llamado a la violencia, el no dijo vamos a quemar la fiscalia (sic), vamos a lanzar piedras, con esas palabras es obvio no lo dijo, no hizo ese llamado irresponsable de la violencia, pero dejo claro que Leopoldo Eduardo López Mendoza, *es un líder de hecho ella fue conteste en decir que el es un excelente líder,* es decir mueve masas, como los estudiantes y las personas jóvenes fueron manipulados por ese llamado que hizo este señor [...] (Fiscal Sanabria, SC; 119).

Cabe señalar que la fuerza ilocutiva de un juez que emite una sentencia es de distinta índole que la de un líder que mueve masas. Cuando un juez dice en las condiciones adecuadas "yo los declaro marido y mujer" o "yo lo condeno a catorce años de prisión" las personas quedan casadas o presas, mientras que cuando un líder llama a votar por él, la población puede hacerlo o no. En el caso del juez el acto de habla es un declarativo, como veremos más adelante; en el caso del político es apenas un directivo.

Con la finalidad de probar su supuesto poder de incitar a la audiencia a la violencia, la fiscalía asegura que López conoce muy bien a su audiencia porque la ha estudiado, y que sus seguidores son jóvenes maleables que él manipula. Esto lo argumenta la juez Barreiros, citando verbatim a la experta lingüista —[...] es un pueblo a quien él conoce muy bien, es un pueblo a quien él ha estudiado, es un pueblo que está conformado en su mayoría por jóvenes— . (Juez Barreiros, SC: 261, cita verbatim de la experta CS: 165)

Actos expresivos

Los actos expresivos enuncian un estado emocional del hablante. En los textos de López encontramos actos propios de un orador ante un público, tales como *aclamar, agradecer* y *apoyar*. Los vemos respectivamente en los ejemplos (8), (9) y (10).

> (8) Que viva Venezuela! Que viva Venezuela y que vivan las mujeres y hombres que hoy estamos convencidos de que Venezuela tiene que cambiar// (Texto 2)

> (9) Y yo quiero comenzar *haciéndole un reconocimiento* a los jóvenes venezolanos// A los jóvenes venezolanos que hoy están en las calles/ pero muy especialmente a los que han sido reprimidos/ a los que hoy están presos/ a los que han sido heridos de bala/ a los que han sido reprimidos por la guardia/ por el ejército/ por la policía y por los grupos irregulares del gobierno// (Texto 2)

> (10) Le queremos decir a esos jóvenes que *no están solos*// Sus padres/ sus abuelos y toda Venezuela está con los jóvenes venezolanos// (Texto 2)

Actos representativos

Los actos representativos manifiestan certeza sobre la creencia representada por la proposición. Son actos como *reportar, admitir, aconsejar, prevenir*. En los textos estudiados encontramos actos como *reportar* sólo en los ejemplos de López, y los actos de *denunciar, opinar* y *proponer* tanto en los que encontramos en López, como en los que reporta la fiscalía. En (11) López reporta un hecho, en este caso su decisión de entregarse a la justicia.

> Yo decidí presentarme voluntariamente ante una justicia que desde mi perspectiva, desde mi vivencia y desde el análisis que hago de lo que ocurre en el país es injusta, injusticia injusta pero tome la decisión de presentarme voluntariamente porque no tengo intenciones de irme del país, porque no tengo intenciones de esconderme de

nadie y porque asumo mi responsabilidad de haber convocado a una manifestación el día 12 de febrero pacifica no violenta en el contexto de una protesta nacional de la indignación de un pueblo con respeto (sic) a lo que está ocurriendo (Texto 3)

Los ejemplos siguientes son de actos representativos que se encuentran tanto en los textos de los discursos de López y en su declaración en el juicio, como en los actos que reporta la fiscalía.

López propone La Salida y explica de qué se trata. En ese caso propone opciones (12), las "distintas herramientas que nos ofrece la constitución".

> (12) ¿Y qué salida estamos proponiendo nosotros? Nosotros estamos conscientes que la salida tiene que ser primero que nada popular/ popular con la gente/ gente/ gente/ gente que quiera la salida/ gente que quiera ser la fuerza de un pueblo que busque cambio// Segundo una salida democrática y tercero/ una salida dentro de la constitución// *Existen distintas herramientas que nos ofrece_la constitución y nosotros debatiremos con el pueblo cuál de esas herramientas es la más oportuna*/ cuál de esas herramientas nos podrá encauzar hacia un cambio lo antes posible/ hacia un cambio lo más profundo/ lo más democrático/ y que nos permita avanzar hacia una mejor Venezuela// (Texto 1)

En (13) vemos la misma propuesta, pero desde el punto de vista de la fiscalía en la sentencia de la juez Barreiros. Cabe señalar que aquí la juez cita textualmente palabras de la experta forense, incluso cuando habla en primera persona —*yo expliqué, a mi entender*—; se trata de un caso curioso de habla reportada en la que la juez y la experta lingüista se confunden en una persona.

> (13) Ese topos de cambio de sistema y cambio de gobierno es muy importante porque ese sería el inicio de la máquina retórica del ciudadano Leopoldo López, es necesario plantear el cambio *aquí el concepto de programas negativos que yo expliqué entra perfectamente*, o sea, es necesario una transformación, cómo se va a dar esa transformación, bueno se puede dar mediante unos mecanismos que en esta propuesta conceptual del ciudadano Leopoldo López se denominó la salida, *a mi entender* ese sería como el cambio necesario para que se de esa transformación de cambio de sistema allí en el programa negativo esta muy claro, es necesario cambiar el actual sistema que hay por otro sistema que

sea más democrático, palabras del ciudadano Leopoldo López, donde la justicia sea para todos (SC: 262 Juez Barreiros; cita verbatim de experta SC: 173).

Lo mismo ocurre con el acto de expresar una opinión, en cuyos ejemplos podemos ver las dos versiones, la del acusado en el juicio (14) y la de la fiscalía (15) cuando López opina que no hay democracia en Venezuela y la opinión de la fiscalía de que López al oponerse a la noción de un estado que subyuga a la población contribuye al levantamiento y la violencia.

(14) Ahora yo sí creo eso, que yo creo que en Venezuela no vivimos en democracia, yo sí creo que Nicolás Maduro no es un Presidente demócrata, yo si reo que en Venezuela no hay autonomía en los poderes públicos yo si reo (sic) que en Venezuela lamentablemente el sistema de justicia esta colonizado y penetrado por la dominación del partido de gobierno, yo sí creo eso yo sí creo que lamentablemente hoy los venezolanos a pesar de que pedimos a veces de rodillas justicia no tenemos acceso a la justicia porque el estado venezolano se está desmoronando yo estoy convencido que los poderes públicos en Venezuela están secuestrados, yo estoy convencido de que lamentablemente el manejo de la política militar es contraria a la constitución, allí está la constitución lo que establece con respeto a autonomía en poderes Públicos, de libertades, de la función de la Fuerza Armada Nacional y todo eso se violenta. (Texto 3)

(15) es la distinción que hace el ciudadano Leopoldo López y qu(sic) se repite a lo largo de toda la exposición que el hace y es la distinción muy clara entre pueblo y gobierno hay que diferenciar muy bien el pueblo del gobierno, el pueblo es bueno, el gobierno no, el pueblo es humillado, el pueblo esta siendo objeto de violaciones a sus derechos humanos en cambio el gobierno no entonces hay como una distanciación entre lo que yo sin ser abogado pero conocedora de la constitución como toda venezolana entiendo entre poder constitutivo y poder constituyente, es decir, por un lado está una clara diferenciación el pueblo está en contra del gobierno, el pueblo ademas (sic), el pueblo considera legitimo desconocer a un gobierno ilegitimo porque ese es un argumento que se repite es un topos que se repite, el de gobierno ilegítimo se repite, si nosotros partimos de la premisa de lado ilegitimo e evidente que lo desconozcamos, no solamente s evidente es razonable que lo

> desconozcamos, *si yo pierdo la autoridad como madre* no puedo exigir que el dia (sic) de mañana mi hija haga algo en contra de las normas que *yo le he dado* entonces si se deslegitima el gobierno y se dice claramente que esto es un gobierno ilegítimo pues salir a la calle a conquistar la democracia por medios constitucionales, en el dia (sic) de hoy constitucionalmente, es muy complicado, o sea discursivamente es una tarea titánica, *yo lo se desde el punto de vista lógico*, argumentativo, como hablar de lucha de sublevación de salir a las calles, de gobierno ilegítimo, de narcotraficante, de salir constitucional la democracia rápido, bueno eso no es una acotación *que tiene que ver con mi análisis* pero evidentemente *no es mi palabra contra la suya simplemente es lo que yo conseguí en ese análisis, el análisis prosódico de ese discurso.* (Juez Barreiros, cita de experta, énfasis nuestro)

En este último ejemplo (15) el discurso reportado en el texto de la fiscalía, la juez Barreiros cita textualmente las palabras de la experta lingüista y confunde los sujetos afirmado extrañamente que ella no es abogado. Barreiros habla como si ella fuera la madre de la hija a quien se le han dado normas, quien es evidentemente la experta y no la juez; y como si la juez hubiera llevado a cabo un análisis prosódico del discurso de López — *sin ser abogado pero conocedora de la constitución como toda venezolana; si yo pierdo la autoridad como madre no puedo exigir que el día (sic) de mañana mi hija haga algo en contra de las normas que yo le he dado; yo lo se desde el punto de vista lógico, argumentativo; bueno eso no es una acotación que tiene que ver con mi análisis pero evidentemente no es mi palabra contra la suya simplemente es lo que yo conseguí en ese análisis, el análisis prosódico de ese discurso—*.

López denuncia al gobierno en repetidas ocasiones, incluso revelando las irregularidades del mismo juicio (16)

> (16) Yo no podía creer ni puedo creer que nosotros estemos yendo a un Juicio sin que podamos presentar una prueba, un testigo alternativo a lo que es el planteamiento del Ministerio Público [...]con que (sic) elemento probatorio alternativo del análisis semiológico está haciendo una militante del PSUV, con que (sic) prueba alternativa vamos a presentar nosotros si nosotros no las presentan, estamos aquí frente a un paredón de fusilamiento que no solamente es a nosotros como personas, es a la democracia, es la justicia, es a la constitución, es al Código Orgánico Procesal Penal, es a este edificio, es a las togas que ustedes se ponen, es a su investidura como Juez. (Texto 3).

Del mismo modo, en (17) Barreiros invoca el acto de habla de la denuncia cuando acusa al político de decir que el estado es narcotraficante a partir de una noticia periodística. Nuevamente la juez confunde los sujetos al citar textualmente a la experta. La juez no parece percatarse de que la experta argumenta a partir de su condición de ciudadana sin estatus legal ni autoridad, lo cual explica que diga que sus palabras no generen acciones determinadas. Las palabras de la juez sí tienen esa fuerza, justamente durante el juicio, cuando condena al acusado a cumplir una sentencia de prisión, en el único acto de declaración que hay en el juicio que es precisamente cuando sus palabras llevan a cabo el acto de sentenciar, un acto performativo.

> (17) Leopoldo utiliza, que muchos de ellos pueden estar justificados, no son ciertos, por ejemplo si uno va a hablar y aquí el concepto de verosimilitud es importante porque se dicen muchas verdades y unas que no es tan ciertas y entonces solo entra en el mismo renil (sic) de la gobernación decir que es un estado narcotraficante, eso hay que probarlo hay que tener las pruebas en la mano más allá de una noticia de ABC donde se diga cualquier cosa entonces son referentes inducidos, son anclajes referenciales que tienen mucha fuerza interlocutiva sobretodo en un líder *porque yo puedo en este momento decirle a usted cualquier cosa pero es muy difícil que lo que yo diga genere una acción determinada,* pero cuando un líder habla a una masa que además cree en él, y una masa que le ha entregado su confianza buenos (sic) hay que terne (sic) una responsabilidad discursiva para asumir ese compromiso (Juez Barreiros, SC:263, cita textual de la experta lingüista, SC:177).

Las constantes referencias y las citas textuales de la experta de la fiscalía hechas tanto por los fiscales como por la juez ilustran la crítica de Brewer Carías del rol de la experticia lingüística en la condena del acusado. La simbiosis que se da entre las palabras de la experta forense y la juez del caso son alarmantes. Es evidente que la experta forense actuó a favor de la fiscalía y en contra de la defensa. Esto valida lingüísticamente su afirmación de que la acusación se montó para perseguir un "crimen de opinión" (Brewer Carías, 2015: 4).

Declaraciones

Los actos declarativos evidencian una conexión directa entre el enunciado y la acción ya que el emisor tiene la potestad para cambiar un estado de cosas. Son generalmente los actos de sistemas normativos como la justicia o la iglesia. El ejemplo más sencillo es "yo los declaro marido y mujer" dicho por un juez y una autoridad religiosa, que une a dos personas en matrimonio. En el contexto que nos ocupa, sólo la juez tiene en esta situación comunicativa la autoridad y potestad para emitir la sentencia, de modo que el único acto de habla que puede considerarse como una declaración es su sentencia final como núcleo del macro evento comunicativo que es el texto de la sentencia condenatoria.

4.1.5. *Las estrategias discursivas y la interrogación de la fiscal*

Las estrategias discursivas son maniobras que los hablantes implementan de acuerdo con el contexto situacional en que se encuentran, con el propósito de persuadir a un oyente de modo que los hablantes puedan lograr sus metas más efectivamente[68]. A la luz de estos elementos mayores de lenguaje, los niveles más bajos, las *oraciones, frases* y *sonidos*, son unidades menores cuya función es implementar los elementos mayores. Tales unidades se precisarán en la medida en que se utilicen en este análisis.

Dado que no hay una real conversación reflejada en la Sentencia Condenatoria, no nos referimos a estrategias conversacionales —interactivas— sino a estrategias discursivas, tomando en cuenta el posicionamiento de los hablantes en los lados opuestos del juicio[69].

El hecho de que los recursos que tuvimos a disposición para este estudio sean transcripciones escritas hechos por amanuenses de la judicatura no garantiza un exacto o completo estudio de la interacción oral. Por ello, el foco de esta sección es evidenciar las estrategias reportadas de ambas partes en relación con sus creencias políticas, su posición en el juicio y evidenciar algunos detalles reportados del interrogatorio de López por la fiscal Sanabria. Como se notó arriba, las estrategias discursivas son pla-

---

68 Shuy (2013).
69 En este análisis uso una versión modificada del método de Shuy (2013; 8-9) que incluye lo siguiente: 1. Identificar el evento comunicativos representado por la evidencia lingüística. 2. Identificar los esquemas de los participantes como los revela el lenguaje que usan. 3. Identificar las agendas conversacionales de los participantes. 4. Identificar los actos de habla usados por los participantes y determinar si son felices o no. 5. Identificar las estrategias discursivas usadas por los participantes. 6. Identificar la ambigüedad semántica y gramatical y fonológica y determinar si y cómo el contexto puede resolver esa eventual ambigüedad.

nes que los hablantes implementan de acuerdo con el evento de habla en que están, con el propósito de comunicarse y lograr una meta.

Estrategias nucleares:

La estrategia central del discurso de López es la de oponerse abiertamente al gobierno, como lo dice él mismo de modo muy contundente el 23 de enero de 2014 (18). Se opone al gobierno actual y critica el sistema autoritario que ha implantado gradualmente. López se preocupa por lo que ocurre por dos razones principales: la anti-democracia reflejada en ausencia de división de poderes y la crisis económica que crea desempleo, escasez de alimentos y medicinas, la falta de oportunidades para la juventud y la corrupción en los círculos gubernamentales. La oposición es una de las funciones del discurso político y prevalece incluso durante el juicio, donde su defensa es también su declaración de oponerse legítimamente a las prácticas corrientes del actual gobierno.

La estrategia discursiva de la fiscalía es claramente encontrar razones para condenar al acusado, lo cual se logra a través de distintas tácticas lingüísticas. Estas son de acusarlo de: a) buscar poder personal; b) haber preparado sus discursos; c) manipular irresponsablemente a sus seguidores y d) generar violencia en otros, incluyendo haber causado las muertes de Bassil Da Costa y Juancho Montoya.[70]

☐Se acusa a López de buscar el poder con premeditación a través de La Salida. De acuerdo con la fiscalía, el intento de derrocar al presidente incluso por medios constitucionales es ilegal, dado que se sostiene que el presidente ha sido electo y que su mandato constitucional todavía no ha terminado. De acuerdo con la fiscal Sanabria, López quiso destruir el orden constitucional. Silva sostiene, usando nuevamente las palabras de la experta lingüista, que López habla inapropiadamente en nombre de todos los venezolanos:

> (18) Ella menciono (sic) que el ciudadano Leopoldo Eduardo López Mendoza utilizaba la palabra Venezuela, como si fuera representante del territorio nacional. (Sanabria: CS:76)

La fiscalía acusa a López de preparar sus discursos sin ninguna ayuda de otros, y de prepararlos, ensayarlos, aprenderlos y ponerlos en práctica

---

[70] Robert Redman también fue asesinado ese día, pero no se menciona en el juicio.

con un estado mental criminal, como sostiene Nieves. Esto supuestamente se muestra en su voluntariedad de crear la violencia surgida ese día.

⬜La fiscalía trata de establecer un nexo causal entre el discurso de López y los hechos violentos, lo cual es necesario para acusarlo de la violencia callejera. A pesar de que mitiga su acusación admitiendo que López no hizo un llamado expreso a la violencia, Sanabria sostiene que López usó los medios sociales para hacer un llamado irresponsable a la violencia y que hizo uso inapropiado del derecho a la libertad de expresión. De acuerdo con Nieves, a López se le acusa de tener la intención de influir sobre sus seguidores por sus palabras, que revelan su intención y su predeterminación de lograrlo, y que supuestamente logró su cometido con sus discursos —*de manera apasionada, violentos y hostiles.*

⬜Fue importante para la fiscalía tratar de probar que los discursos de López causaron un impacto negativo en los bienes públicos, que sus llamados llevaron a eventos violentos, repudio del gobierno y desobediencia de la ley y finalmente al ataque. La fiscalía hace a López responsable no solo por sus actos de habla, sino también de la fuerza perlocutiva de sus palabras, es decir de sus supuestas consecuencias. Por ello, la fiscalía trató de establecer un nexo de causalidad entre sus palabras y los eventos que siguieron. Nieves, una vez más, cita a la experta lingüista de la fiscalía a fin de comprobar el poder de las palabras de López, repitiendo que el discurso lleva a una acción que puede llevar a la violencia. —*La Experta [...] indico aquí que el discurso conduce a una acción, puede llevar a la violencia como lo que ocurrió ese día*— (Nieves, SC: 73).

La interrogación de la fiscal

La interrogación de Leopoldo López por la fiscal Sanabria ofrece una visión más cercana de la interacción en el juicio, dado que otras declaraciones no aparecen en el orden en el que ocurrieron. Mi finalidad aquí es mostrar solo las estrategias de la fiscalía para acusar a López de la violencia y los eventos e incluso de las muertes del 12 de febrero.

La fiscal le hace al acusado una serie de preguntas sobre la manifestación del 12 de febrero, sus metas, el significado del documento que debía entregarse a la Fiscal General y la planificación y cronograma de La Salida. Esas preguntas, que pueden considerarse objetivas, lleva a otra serie donde la objetividad se deja de lado y la fiscal busca acusar a López no solo de los riesgos de la planificación del movimiento sino también de los muertos y heridos de ese día: "¿Se le presento (sic) usted con la planificación de la salida que pudiera haber muertos y heridos aquí en Venezuela?" (Sanabria, SC: 42) y su reformulación: ¿En la planificación de la salida usted represento (sic) riesgos o no represento (sic) riesgos? (Sanabria, SC: 43).

López responde directamente diciendo que la convocatoria se había hecho de palabra y por los medios y que la idea era producir y entregar un documento para pedir la liberación de los estudiantes detenidos e iniciar un proceso que pudiera llevar a una solución en el tema del liderazgo del estado. Define La Salida como una forma popular, democrática y constitucional para lograr el fin de la crisis política y económica.

> (19) [...] y yo dentro de todo agradezco que mi Juicio sea y este Juicio sea sobre mis discursos, porque entonces tendríamos que analizar los discursos, es decir ustedes no se van a poder salir de lo que son los discursos que yo mismo dije, porque ustedes me metieron preso por los discursos, analicemos los discursos [...] (López, CS: 41).

A la insinuación de que había participado en las muertes, López responde acusando al gobierno de los muertos y heridos.

> (20) [...] mire yo le respondo con toda responsabilidad los muertos y los heridos son (21) responsabilidad del gobierno oyó, el asesino de [...] jamás hemos planteado nosotros un llamado a la violencia y menos al que están los discursos como elementos probatorios (López, CS: 45)

La defensa objeta esto, aduciendo que estas preguntas son imprecisas y caprichosas. López responde de todas formas, afirmando que no debería haber riesgo en el derecho de discutir esos temas en ningún lugar, y ante ninguna entidad pública. El riego viene, según él del lado del gobierno: "el origen del riego está en el Estado venezolano. (López, SC: 44).

La fiscal pregunta sobre los planes del acusado de derrocar al gobierno: "¿Usted nos podría indicar si efectivamente hay un discurso suyo que indique que su adversario es Maduro y vamos por las cabezas de los poderes públicos?". (Sanabria, CS. 44) Ella también implica que López intentó a través de tuiter, incitar a los estudiantes y a otros de sus seguidores de tirar piedras a la fiscalía y forzar a la procuradora general a salir del edificio.

López aclara la frase "ir por las cabezas", donde la palabra "cabeza" significa o bien la parte del cuerpo o los líderes públicos, y sostienen que evidentemente usa la palabra metafóricamente. Lo que propone es reemplazar las cabezas del gobierno, porque el sistema en sí mismo es corrupto. Él reconoce su uso del tuiter pero asegura que nunca ha hecho un llamado a la violencia. "[...] jamás hemos planteado nosotros un llamado a la violencia y menos al que están los discursos como elementos probatorios (López, CS: 45)"

En este nuevo marco, la fiscal Sanabria le pregunta a López sobre qué cambios pretende, específicamente: "¿Ese cambio que usted plantea para Venezuela usted esta consiente (sic) si constitucionalmente están dadas las condiciones para que en el momento en que usted convoco (sic) la marcha y la concentración efectivamente se diera ese cambio constitucionalmente?" (Sanabria, CS: 46).

También pregunta sobre los epítetos que usa López "sus seguidores no pudiesen ir de una forma violenta acabar con las instrucciones que usted ha manifestado, que usted ha indicado?" (Sanabria, CS: 46), y si considera que lo que ha propuesto no es violencia. López confronta a la fiscal diciendo que la constitución no habla sobre las condiciones para invocar los medios para salir del gobierno.

Entra entonces la fiscal en el terreno hipotético, y le pregunta a López ¿Usted considera ciudadano Leopoldo López que si usted no hubiese hecho el llamado para la marcha y la concentración, le hubiesen caído a piedras, incendiado la sede del Ministerio Público e incendiado las patrullas del Cuerpo de Investigaciones Científicas, Penales y Criminalísticas en fecha 12 de febrero de 2014? (Sanabria, SC: 14). Y también si Bassil Da Costa y Juancho Montoya —las víctimas de los disparos— habían estado en la marcha. López confronta la estrategia de la fiscal de tratar de relacionar directamente los discursos a la violencia:

> (21) "[...] al final doctora lo que usted lo que está tratando de crear es una vinculación de lo que nosotros estaos planteando con unas piedras que lanzaron unos jóvenes porque habían atado a un compañero en su cara frente a ellos, el Ministerio Público está buscando una relación donde no la hay". (López, SC: 45).

4.2. *Consideraciones*

En este capítulo se analizaron textos siguiendo el método la visión forense aplicado por Roger Shuy con su pirámide invertida. Se encontraron tres eventos comunicativos diferentes: una proclama en un canal televisivo, una arenga en una plaza pública y la declaración en un juicio donde López es el acusado[71].

Se observó que las agendas de ambas partes —la acusación y la defensa— son opuestas. La fiscalía busca demostrar el compromiso del político con las palabras que incitan a la violencia, la intención de interrumpir el hilo constitucional y la voluntariedad que revela que fue él mismo el autor de un discurso considerado criminal. Por su parte López insiste en su compromiso con la lucha democrática, la intención de oponerse al gobierno y de exigir el respeto a la constitución. Además, se responsabiliza de sus ideas.

Los esquemas de López y de la fiscalía son contrarios puesto que el del acusado es su protesta de inocencia por estar en la convicción de que su protesta se lleva a cabo de acuerdo con la constitución venezolana y de los derechos reconocidos por los estados democráticos. La fiscalía por el contrario sostiene que López, como líder capaz, ha insuflado a través de su discurso la ira en la mente de jóvenes a quienes conoce muy bien y a quienes es capaz de manipular y llevar a cometer actos violentos. La fiscalía considera ilegal el movimiento La Salida al no asumir la vigencia de la libertad de expresión y los derechos del ciudadano. Incluso se considera violento hacer mención del presidente Rómulo Betancourt, para unos un paradigma del pensamiento democrático, para la fiscalía, partícipe en una sublevación armada.

De igual forma, los actos de habla, tanto los que se obtuvieron de los textos de López en sus discursos públicos y su declaración en el juicio, divergen de los que le asigna la fiscalía. La razón de la divergencia no es tanto haber reconocido actos de habla distintos, sino del fracaso de la fiscalía en comprenderlos y evaluarlos apropiadamente.

Cabe señalar que se juzga la fuerza ilocutiva de los actos de habla de Leopoldo López se une a su *ethos discursivo,* en otras palabras con su capacidad como líder. Lo que se condena aquí es la supuesta fuerza perlocutiva de sus actos, esto es, la relación perlocutiva que según los acusadores tiene el discurso del líder. Para lograr esta relación habría que demostrar la relación causa efecto entre la palabra y la violencia, lo cual es un implícito no demostrado y solamente inferido. Las inferencias son siem-

---

71 La idea de estudiar los actos de habla de los eventos comunicativos en el contexto legal surge de los trabajos de Shuy (1996, 2008 2010, 2012, 2013, 2014).

pre un sustituto pobre de cualquier evidencia factual de intencionalidad o predisposición para promover la violencia.

El lenguaje de López no sugiere que esté desobedeciendo las dimensiones constitucionales del gobierno y en ningún momento sugiere violencia. Mantiene que el único vínculo con la violencia es el de los asesinatos cometidos por las fuerzas del gobierno.

Más importante aún, López no tiene ni poder institucional ni personal en el discurso comunicativo del juicio. En un gobierno donde los poderes no están divididos y compartidos ecuánimemente, todo el poder está en manos del ejecutivo. López tiene prestigio, pero no poder[72].

Se encontraron algunas estrategias discursivas persuasivas en los diferentes eventos comunicativos. Leopoldo López se opone al gobierno en la medida en que protesta y trata de convencer a la corte. Esta es una de las funciones del discurso político (2004). Esto es evidente aún en su testimonio en el juicio, donde añade solo la estrategia de solicitar, sin poder alguno, la liberación de los estudiantes a quienes acusaron junto con él. La estrategia de la fiscalía, como acusadora, fue de acusar a López de generar la violencia callejera contra la que había argumentado y de ser un líder irresponsable. Asimismo, la fiscalía lo acusa de las muertes que ocurrieron después de la manifestación.

---

72 *Cf.* Bourdieu (2012).

5 @LEOPOLDOLÓPEZ, EL TUITERO

> *Quand l'adversaire exagère nos forces, nos desseins, notre profondeur; quand, pour exciter contre nous, il nous peint sous des couleurs effrayantes, — il travaille pour nous.*
>
> Paul Valéry. Regards sur le monde actuel[73]

Entre los delitos contra la libertad de expresión en la Venezuela chavista figura uno de los nuevos tiempos, la censura al twitter. En el año 2014 según la prensa se produjo la detención de ocho tuiteros, algunos de ellos emblemáticos. Las detenciones fueron hechas a la luz pública y el mismo presidente de la república declaró por la prensa "todos los tuiteros del terror están presos"[74] después de haber detenido a una vidente conocida como @hipolita, quien supuestamente había predicho una muerte en las filas del gobierno. No sorprende, entonces, que el juicio contra Leopoldo López haya contemplado la acusación por haber incitado a la violencia, según el gobierno, a través del twitter. El encargado de la experticia forense en su contra, solicitada por la fiscalía, fue un periodista y profesor de la Universidad de Los Andes. Este trabajo analiza la declaración del experto forense en función de su visión de la responsabilidad del acusado en haber promovido la violencia a través del twitter, apoyado en sus capacidades como líder y como tuitero, y conociendo la eficacia del medio en la difusión inmediata de la información. Se emplea la noción de

---

73 Cuando el adversario exagera nuestras fuerzas, nuestros propósitos, nuestra profundidad; cuando, para excitar en contra de nosotros, nos pinta bajo colores espantosos, —trabaja para nosotros.
74 Nota publicada en El Tiempo, Puerto La Cruz, 18.10.2014; http//eltiempo.com.ve, actualizado el 5 de agosto de 2016

contexto de van Dijk (2008) para mostrar cómo una misma situación puede evaluarse de modo distinto según los valores y creencias de la persona.

Si bien las situaciones políticas y sociales tienen dimensiones objetivas, las situaciones comunicativas influyen sobre el discurso a través de su interpretación por los participantes, que dependen para ello de sus conocimientos, opiniones y emociones[75]. Esto se debe a que los contextos son modelos mentales subjetivos de los participantes, relacionados con su memoria episódica y autobiográfica. Estos modelos son compartidos por los miembros del grupo y la comunidad, pues el contexto tiene una base social en términos de conocimientos, actitudes, ideologías, gramática, normas y valores.

Una de las discrepancias en los valores que parece dividir la política latinoamericana actual es la que un político uruguayo postuló como la valoración de lo político sobre lo jurídico y que pone en dificultades a la institucionalidad republicana. Esta disyuntiva no es nueva, y se basa en los principios que deben guiar la actuación de los políticos según actúen de acuerdo con lo permitido por las leyes de la república o la conveniencia de las circunstancias del momento. En otras palabras, esta tensión fue postulada por Max Weber como las éticas de la responsabilidad y la convicción pues los políticos deben sopesar su acción. El filósofo aclara que ninguna de los dos principios está aislado del otro, pues "no es que la ética de la convicción equivale a irresponsabilidad, como que tampoco la ética de la responsabilidad equivale a una ética sin convicciones"[76]. En la política venezolana reciente se han visto las dos tendencias. Por una parte, en la presión interna para que se cumplan los preceptos constitucionales que el régimen ha venido violando sistemáticamente desde más de una década, lo que se ha visto por ejemplo en el irrespeto a la separación de poderes, el uso exagerado de las leyes habilitantes para el presidente, la viscosidad de los procesos electorales, y la violación de los derechos humanos. Por otra parte en la tendencia a esperar que los tiempos sean más propicios para la acción de recuperar la democracia, ya sea al esperar comicios venideros o apoyo internacional.

Ahora bien, ¿cuál fue el delito de Leopoldo López como tuitero? ¿Por qué se le acusa de haber incitado a la violencia a través del tuiter? En este capítulo examinamos la declaración del experto forense en la Sentencia

---

75 *Cf.* Van Dijk (2008)
76 *Cf.* Weber (1919:38).

Condenatoria de Leopoldo López del 2015. Veremos cómo es la percepción y evaluación de los tuits por la fiscalía. ¿Qué mensajes se analizan y cómo se construye la imagen de Leopoldo López? ¿Qué visión de la realidad sustentan los argumentos del forense y de la fiscalía?

5.1. *El Twitter*

El twitter (del inglés "to tweet", 'piar') es un servicio de microblogging creado en 2006, caracterizado por sus mensajes de 140 caracteres que pueden ser leídos por todos los "seguidores" de un tuitero. El twitter es una de las llamadas "redes sociales", y sus mensajes tienen la característica de ser inmediatos y de no tener fronteras, salvo las que determinan sus propios seguidores.

El DLE acepta las voces tuit, tuitear y tuitero

Tuit. Del ingl. tweet.

1. m.Mensaje digital que se envía a través de la red social Twitter® y que no puede rebasar un número limitado de caracteres.

Tuitear

1. intr. Comunicarse por medio de tuits.

2. tr. Enviar algo por medio de un tuit.

Tuitero, ra

1. adj. Perteneciente o relativo al tuit o al tuitero.

El seguimiento al tuitero es voluntario, en el sentido de que cada quien elige a quien seguir, sin que la reciprocidad sea obligatoria. El seguidor puede responder al emisor o bien reenviar su tuit, con o sin modificaciones; esto permite que la información se difunda muy rápidamente. Asimismo el tuitero puede *mencionar* a @otro para que a este le llegue el tuit, y para que los seguidores de aquel lo reciban en su lista de noticias *(newsfeed)*.

Las convenciones relacionadas con la @ se refieren a la interacción entre usuarios, mientras que la *etiqueta* o *hashtag* (#) se centra en la interacción de los usuarios sobre ciertos temas[77]. Las etiquetas contribuyen a

---

[77] Jungherr (2015) trata el tema del twitter en la política alemana. Pano y Mancera (2014) y Mancera y Pano (2013 a y b) lo relacionan con la política española.

dinamizar la difusión de los tuits y permiten llevar estadísticas sobre las *tendencias* o *"trending topics"*. La difusión masiva de un tuit o de una etiqueta se conoce como su *viralización*. Al reunir a los tuits por temas, podría argumentarse que la "conversación" a la que aluden en twitter se convierte en un diálogo, por estar centrada en un asunto particular. Se ha denominado *"espacio de comunicación"* el espacio creado por todos los mensajes de twitter que contribuyen a un tópico, como el de la política, usando etiquetas relevantes[78]. El twitter se conecta con los espacios de otros medios de comunicación, aunque las dinámicas no sean las mismas.

Se sostiene que el twitter produce ilusión de cercanía entre los interlocutores precisamente por la posibilidad de establecerse una "conversación"[79]. Esta podría considerarse una de sus virtudes puesto que se da una comunicación entre el tuitero y su seguidor por la posibilidad de oírse mutuamente, y no solo una información desde la fuente hasta el receptor. Se ha sostenido que Obama ganó las elecciones a la presidencia de Estados Unidos por haber oído a sus seguidores, quienes ellos sintieron que el político respondía sus mensajes y *dialogaba* con ellos.

Pero no todos los políticos lo hacen y frecuentemente se envían mensajes que reproducen lo que se ha hecho tradicionalmente en los medios tradicionales. De ese modo no aprovechan las posibilidades que les ofrece el nuevo medio, sino que la interacción sigue siendo la de siempre: vertical y asimétrica. Se ha observado por ejemplo que los políticos emplean en el twitter el mismo estilo que usan en su comunicación en otras redes sociales, con el uso de lenguaje ambiguo, palabras vagas como "valor", "igualdad", "cambio" o "democracia", eufemismos como "reestructuración" o "recuperación", o sustantivos genéricos como "pueblo", "país", "sociedad", "ciudadanos", etc. Asimismo usan técnicas de persuasión o seducción al apelar no solo al intelecto, sino a las emociones de sus seguidores. Con ello evitan situaciones comprometidas y se limitan a ampliar sus mensajes, al margen de las prácticas consagradas por el uso habitual del medio[80].

En Venezuela el twitter ha sido usado tanto por el gobierno como por la oposición. Piñate y Vivas (2014) analizan el uso de twitter en la campaña electoral venezolana de (2013) por los dos candidatos, Maduro y

---

78 Jungherr (2015).
79 Mancera y Pano (2014).
80 Mancera y Pano (2013b).

Capriles. Según los analistas ambos candidatos subemplearon las posibilidades de este servicio de microblogging y que las estrategias de ambos son similares, con algunas diferencias. Así Capriles habría empleado menos recursos afectivos que Maduro, quien se refirió mayormente a su lealtad con el comandante Chávez a quien se refirió como "Gigante" o "Comandante Supremo", y empleó palabras como "victoria", "patria", "corazón" y "revolución", mientras que Capriles se refirió más al desarrollo mismo de la campaña. Ambos se caracterizaron por usar más juicios positivos que negativos, limitados a denominaciones para referirse a sus contrarios, como "enchufado" por parte de Capriles y "burguesía" por parte de Maduro.

Si bien el twitter no fue inventado para su uso político y la mayoría de los usuarios lo emplean para fines sociales y de entretenimiento, se ha convertido en un medio de comunicación política. Este servicio de microblogging se usa en la comunicación tanto de los políticos entre si, como de ellos hacia sus seguidores, de sus seguidores o sus adversarios a los políticos —presidentes, reyes, papas, miembros de congresos, presidentes de partidos y miembros de los mismos—, o entre la gente que no se ejerce la política como profesión —desde periodistas hasta amas de casa— pero discuten sobre política. Las ideas se difunden, ya sea para buscar adhesión a un programa político, o bien para criticarlas, o bien para difundirlas entre adeptos. El twitter también abre espacios para nuevos actores políticos[81]. Si esto es importante para los países democráticos donde la libertad de expresión no está restringida, lo es más donde impera la censura.

En América Latina y el Caribe, la proporción de uso de Internet parece ser aún mayor que en Estados Unidos. Así, según un informe de Cepal, el porcentaje de usuarios de Internet de América Latina y el Caribe que participaban en redes sociales en 2013 era de 78,4 por ciento, una proporción mucho mayor que la de América del Norte (64,6 por ciento) y la de Europa Occidental (54,5 por ciento)[82]. De acuerdo a la Cepal, el uso de

---

81 Jungherr (2015).

82 Informe de CEPAL 2015.La red social Twitter tiene 29 millones de visitantes, mientras que Facebook tiene 145 millones. Según el mismo informe, en cuanto al tiempo que los usuarios dedican a estas plataformas, Facebook ocupa el primer lugar (95 por ciento del total del tiempo ocupado en redes sociales), seguido desde muy lejos por Twitter (1,4 por ciento)". http://sptnkne.ws/8g5. Consulta 20.08.2016.

redes sociales "no está directamente vinculado a los niveles de ingreso". México, Argentina, Perú, Chile y Colombia están entre los 10 países del mundo con mayor porcentaje de usuarios de las redes sociales.

Se ha sugerido que el uso del twitter se da mayormente entre los jóvenes. Sin embargo, se ha observado en Estados Unidos que aunque el uso del internet y los medios sociales en los jóvenes alcanzaba un 95% en los Estados Unidos, en la franja etaria entre los 30 y 40 llegaba a un 75% y en los de más de 65 años llegaba al 38%[83]. En América Latina el perfil del usuario promedio es menor de 28 años; en cuanto al uso de las redes por parte de los jóvenes para temas políticos, al parecer todavía es reducido[84]. En Venezuela mucha gente adulta y mayores usan el twitter para comunicar y recibir noticias de índole política.

Otra inquietud es la influencia que tiene efectivamente el twitter en las preferencias de los seguidores. Se argumenta que la gente sigue a quienes forman una red social con quienes piensan de manera similar.[85] Es más, las mismas plataformas de las redes sociales le ofrecen la posibilidad a los usuarios a elegir los contenidos que quieren ver. Esto repercute sobre la comunicación política porque significa que hay una nueva manera de interactuar y procesar la información al permitir una comunicación más directa entre la gente que piensa de una misma manera. Esto se refleja entre otras cosas en la cortesía con que las personas se tratan en el endogrupo para estrechar sus relaciones, pero también en la descortesía con la que se critica o descalifica a los del exogrupo, quienes no opinan igual[86].

5.2. *El experto*

Después de referirnos a las características del twitter, veamos ahora la declaración del experto forense que evaluó los tuits de Leopoldo López, periodista y profesor de la Universidad de Los Andes.

El experto forense había sido viceministro del régimen, lo cual es contrario a la práctica de la experticia forense pues, los expertos forenses no deberían abogar por ninguna de las partes[87]. Su papel debería ser el de

---

83 Gainous y Wagner (2014).
84 Domínguez y López (2015).
85 Gainous y Wagner (2014).
86 *Cf.* Padilla (2015).
87 Lo señala el experto forense Roger Shuy en su libro del (2006).

presentar la evidencia lo más objetivamente posible y debería servir tanto para la acusación como para la defensa.

Pero el experto mismo considera que haber sido alto funcionario del gobierno que acusa a López no lo desautoriza para la labor que en ese momento se le encomienda como sostiene la defensa, puesto que "no soy viceministro fui viceministro, tengo derecho al trabajo" (SC:227)[88]. Sostiene asimismo que no se le paga por su experticia, con lo cual responde al intento que hace el abogado de la defensa de invalidar su testimonio como parcializado al afirmar éste que el experto ha sido contratado por la fiscalía. Indudablemente que el abogado defensor y el experto entienden el hecho de ser contratado de modo distinto: el experto lo entiende en función del dinero recibido por el trabajo, mientras que el abogado lo subraya por el sesgo que puede surgir por su involucramiento en distintos cargos públicos en el gobierno chavista[89]. El mismo experto ha sostenido al principio de su declaración que fue convocado por el ministerio, lo cual lo convierte en experto forense de la acusación y no de la defensa.

> [...] a mi se me convocó a través del Ministerio Público por un correo corporativo enviado a mi cuenta personal [...] después se formalizó, una comunicación por escrito en físico, el 19 de marzo, donde se me pedía hacer un análisis de los mensaje (sic) emitido por el ciudadano Leopoldo López entre el primero de enero del año 2014 y el 18 de marzo del mismo año (SC:202).

5.3. *Los temas tratados por el experto forense*

En lo que sigue se hace referencia a los temas tratados por el forense en el juicio contra Leopoldo López. En primer lugar, su descripción de los

---

[88] Según nota en *La Patilla* del 12.03.2015, el periodista se define a sí mismo como venezolano-palestino. Colaboró con el site aporrea.org hasta 2012 y dirige la radio IVKE mundial en Mérida hasta enero de 2016. En 2013 conformó la Comisión de comunicación y propaganda por el Partido Socialista Unido de Venezuela (PSUV) para la dirección del Comando de Campaña Bolívar-Chávez del estado Mérida; asimismo era Jefe de la Oficina de Comunicación Institucional del Gobierno Estatal de Mérida. Se presenta en twitter como "Candidato a Doctor en Antropología: cibercultura. Becario UIT-ONU".

[89] Según Max Weber esto se contempla como remuneración de la actividad política (Weber 1919).

tuits de López y luego lo que hemos llamado el "ethos" del locutor, en este caso el acusado, la libertad de expresión y la salida.

5.3.1. *Los tuits del acusado*

El conjunto de materiales analizados por el experto por solicitud de la acusación está constituido por los tuits de la cuenta @leopoldolopez publicados entre el 1 de enero y el 18 de marzo de 2014[90]. Describe el forense que López usa su cuenta @leopoldolopez desde 2009 desde un Blackberry, como lo evidencia la misma plataforma. En el lapso estudiado, es decir, entre el 1. de enero y el 18 de marzo del mismo año, que suman 77 días, López habría emitido 707 mensajes, un promedio de 9,1 tuits diarios lo cual califica el forense como *"una actitud bastante proactiva, del ciudadano Leopoldo López"*. (Nótese que en el español de Venezuela, "bastante" es sinónimo de 'muy'). Para ese momento el acusado tenía 2.700.000 seguidores y seguía a 300 personas. Desde la creación de su cuenta hasta el momento del estudio había emitido 13.000 mensajes. Además indica el forense que entre los 50 primeros tuiteros de Venezuela López aparecía en el número 11, y entre los políticos en segundo lugar[91]. El primer lugar era del candidato presidencial de la oposición que venía de perder contra Chávez, Henrique Capriles Radonski. De los tuits, el forense emplea una muestra. En su declaración se refiere a 6 tuits de los 707.

- "Los venezolanos ni, las venezolanas no estamos dispuestos a calarnos más ..."
- "La salida ya, todo el mundo en la calle el 12 de febrero"
- "Maduro te atraca con sus mentiras"
- "No dejes que Maduro te atraque con sus mentiras",
- "Presidente Maduro se acaba de quitar la careta, mando grupos asesinar la nación"
- Hay una cúpula que ha secuestrado los poderes del estado.

---

90 Para el momento cuando escribimos este capítulo, los tuits han desaparecido del timeline de Leopoldo López.

91 Más adelante se transcribe el número como "doce". No estamos en capacidad de discernir si es dos o doce. Es posible, que dada la tendencia a aspirar o elidir la /s/ a final de palabra del español venezolano, el transcriptor haya entendido "doce", lo cual puede haber sucedido en un habla formal.

Hace alusión a tres etiquetas, con mención a otras que no cita textualmente *(un estado delincuente, asesino, narcotraficante).*

- "El que se cansa pierde"
- "SOSVenezuela"
- "El estado delincuente"

El forense se expresa asimismo sobre la aceptación de los tuits, que se mide por los retuits. Afirma que en ocasiones un tuit llegó a 400 retuits, y que alcanzaban normalmente 200 a 300 y ve precisamente en la aceptación de los tuits y en la capacidad de alcance del medio digital el peligro del mismo, porque los medios influyen en el establecimiento de consensos y patrones de conducta, esto es, en las creencias, valores y prácticas sociales del grupo.

En cuanto al derecho a la libertad de expresión afirma que es cierto que la constitución garantiza en sus artículos 57 y 58 la libertad de información. Pero para el forense el texto constitucional no valora el peligro de esa libertad, puesto que según él, el medio enajena y "el determinismo tecnológico, la mediación tecnológica de la realidad ciudadana por la tecnología pudiera incluso alienar", justamente porque los medios sirven para establecer consensos, sobre todo cuando los líderes se oponen al modelo gubernamental.

> [...] los medios influyen, tanto es así que, cuando se habla de que se está censurando un medio aparecen inmediatamente líderes de opinión analistas, líderes políticos y dicen "censurar un medio, coartar un medio, influye en la democracia"[92] influye en lo que tipifica nuestra carta magna que es donde se atesora la relación de derecho y deberes de nuestra República, incide en el artículo 57 y 58, libertad de expresión, libertad de información, eso por un lado, otros más que todo en la escuela crítica, desde la escuela de Frankfort hablan de que, los medios influyen, en el sentido que establecen conductas, algunos utilizan algunas categorías, cuestionadas, interpeladas, pero que son categorías que están ahí que dicen que el medio enajena, el determinismo tecnológico, la mediación tecnológica de la realidad ciudadana por la tecnología pudiera incluso alienar. Porque? Por que se han hecho estudios

---

92 Negritas en el original.

sobre el fenómeno de la comunicación y la influencia en la población, de cómo los medios sirven para establecer consensos, los medios sirven para establecer consenso, los medios sirven para establecer patrones de conducta, por más que se hable de libre albedrío, los medios influyen para establecer forma y métodos con respecto a una idea que determinado líder o grupo creen que nos parece o no responde a su modelo de lo que debía ser el país (SC: 205-206).

De ese peligro se desprende la "obligación" en que se encuentra el forense de tomar en cuenta el contexto en que se desarrolla la actividad del político.

El experto tiene, evidentemente, dudas sobre los derechos humanos. Defiende la libertad de expresión, pero la considera peligrosa. Le pide "responsabilidad" a López, como se la hubiera pedido a Hitler, puesto que según él, el Führer nunca mató directamente a nadie y ni siquiera usó frases violentas. Con ello alude textualmente a la ética de la responsabilidad, que trataremos más adelante.

> [...] defiendo y defenderé el artículo 5 la soberanía reside en el pueblo y los poderes emanan del soberano palabras más, palabras menos y, del artículo 68 que es un derecho, el derecho a protestar en paz, lo dice y el artículo 57 y 58 pero el 57 que nos habla de la libertad de expresión y el 58 *nos habla de la responsabilidad*,[93] debemos ser responsables del mensaje que emitimos. La comparación puede ser un exabrupto, pero el ejemplo sirve para ilustrar el impacto que, puede tener el discurso en la población, cuando un líder orienta a la población. Hitler no se le conoce un asesinato directo, lo coloco como ejemplo, que el mismo agarró una persona y lo asesinó, y ni siquiera utilizó dentro del discurso de forma general en todos sus discursos, no utilizó frases que, pudieran determinarse como violentas, la frase para el genocidio judío fue "la solución final" cualquier semiólogo o cual quiere experto en semántica, puede decir. Que tiene de violento? de crispación? de atizar la violencia al hablar de solución final? (SC:221).

---

93 Las itálicas son nuestras.

5.3.2. *El ethos del locutor, según el experto forense*

El experto construye el ethos del locutor según las características de su cuenta en twitter. Nota que el político resalta "de manera ingeniosa" dos elementos en su perfil: en primer lugar su condición de padre de Leopoldo y Manuela, y en segundo lugar su condición de preso político:

> [...] ahora quiero pasar un poco hablar (sic) sobre algunas características de la cuenta del ciudadano Leopoldo López. La cuenta se llama @leopoldolópez, en su perfil resalta de manera ingeniosa dos elementos primero su condición de padre, de Leopoldo y Manuela, resalta la condición en la que se encuentra horita, dentro del proceso de investigación judicial, y da de alguna manera un mensaje político (SC: 216)

Reconoce, como lo ha hecho también la experta en discurso, el liderazgo de López: "es innegable que Leopoldo López es un líder"[94]. Aclara sin embargo que no es un líder inocente, en el sentido de que conoce el medio que está empleando. Concede su capacidad de síntesis como usuario de twitter al acatar los límites que establece la plataforma de 140 caracteres. El peligro de la plataforma es justamente que un tuit pueda generar un efecto viral.

> Que (sic) es un efecto viral? Que se puede reproducir, puede convertir una red de redes, y eso puede llegar a convertirse en una matriz, de opinión, otro elemento que, se encuentra en el discurso planteado, por el ciudadano Leopoldo López, es que él tiene conciencia del impacto de las redes sociales es decir. No estamos hablando de un líder que desconoce el medio, primero, cuando el emite estos mensajes estudiados, tenia(sic) desde el 2009, utilizando la herramienta Twitter, si se creo Twitter en el año 2006, tenia 3 años utilizando empezó a tuitiar (sic) es decir, conoce la herramienta, convoca a las personas a que retuiteen. (SC: 222).

Pero además, los mensajes de twitter se reciben en todo el planeta. Por su conocimiento del medio, López hace un discurso para que lo entienda todo el mundo, desde quienes no han pasado por el sistema educativo formal hasta quienes tienen una formación académica sólida:

---

94 Sostiene que LL maneja las tres funciones del lenguaje de Bühler, lo cual, es preciso decirlo, lo hace todo el mundo.

> [...] entonces, el discurso del ciudadano Leopoldo López, en su mayoría por no decir todo, un lenguaje llano como habla la gente, como habla la gente que se toma un café en la panadería, el que está en el metro como habla mi familia, un lenguaje llano, que la(sic) pueda comprender todo el mundo fue un mensaje que fue aceptado, puede transmitirlo en alguna comunidad digital (SC: 222).

López intenta con sus tuits enviar mensajes para construir una visión de país que quiere hacer llegar a sus seguidores. El experto censura al acusado por no acudir a los organismos del estado a presentar sus quejas, como por ejemplo la Defensoría del Pueblo. Asimismo, le critica que no hable solamente en primera persona, sino que lo haga por todos los venezolanos, incluso por quienes no se sienten identificados con su posición política que según el analista son la mayoría, aunque López no lo entienda así. En efecto, según el forense, el líder separa en grupos a sus amigos de sus enemigos. Los enemigos son los poderes del estado, mientras que sus amigos son la comunidad digital que lo apoya, pero también los "venezolanos y venezolanas" a quienes se dirige. "Quien le otorgó derecho a esta persona de expresarse por todos los venezolanos", se pregunta el forense.

> [...] y aquellos que no se sienten parte del método por ejemplo, planteado en la etiqueta "la salida" que pasa con estas personas? Que pasa con estas personas que no se sintieron parte en esa rebelión digital que se planteó desde el twitter? (SC: 222)

En resumen, el analista considera riesgoso emplear el twitter para desafiar a los poderes del estado.

> [...] yo considero altamente riesgoso, doctora y los que están presentes plantear un discurso que amerita demasiada estrategia de lenguaje, demasiada capacidad discursiva, hablar de desafiar a los poderes del estado pacíficamente en un país polarizado, teniendo como limitante 140 caracteres. (SC: 224).

Circunscribe a los seguidores de López en twitter como jóvenes en su mayoría, nacidos a finales de los 80 en adelante, gente que no ve las nuevas tecnologías como algo ajeno a sus vidas, sino como parte de una plataforma de interacción y de expresión.

5.3.3. *La libertad de expresión*

El tema subyacente del juicio es el derecho a la libertad de expresión. El derecho a criticar a la autoridad no es bien visto por el lado de la acusación. Ahora bien, ¿cuáles son los argumentos del experto en contra de López en este particular?

En primer lugar, el experto afirma que Leopoldo López usa el tuiter como un poder fáctico contra los poderes del estado. Ello lo hace, por ejemplo, con dos imágenes que se encuentran en sus tuits. La primera es "Maduro te atraca con sus mentiras", donde aparece la imagen del presidente con un arma "una ametralladora o un fusil". El experto se pregunta si el presidente habrá usado esa imagen para un hecho noticioso y afirma que la imagen está manipulada.

Es conocido que la imagen de Nicolás Maduro disparando desde un puente fue difundida por los medios de comunicación que refiere a su supuesta participación en la masacre de Puente Llaguno en 2002. Cabe señalar que, a favor o en contra de esa hipótesis, si se buscan en Google las palabras "Maduro Puente Llaguno" se encuentran en 0.47 segundos 26.200 resultados, de modo que el tema no lo propone López por primera vez. Si en cambio se escribe en Google "Maduro mentiras" en 0.31 segundos se encuentran 539.000 resultados, lo que muestra que si bien la frase de twitter es ocurrente, no descubre ni representa nada nuevo para la opinión pública.

> [...] además hay dos imágenes bien emblemáticas, para revisar detenidamente una es una, imagen que el ciudadano Leopoldo López pide que se retuitee que dice "Maduro te atraca con sus mentiras" y aparece la imagen del presidente de la República, con una ametralladora o un fusil, mi experticia, mi conocimiento, yo lo desconozco, pero lo que si se, es que es un yo no sé si la imagen en algún momento el presidente utilizó esa pistola para un hecho noticioso, pero si esa imagen apareciera en un medio del estado lo que, si es cierto es que, esa imagen está descontextualizada, esa imagen está manipulada porque se le está colocando a la imagen del presidente Maduro con una ametralladora, frases que no corresponden con la imagen, el presidente gobierna, el presidente ejerce el poder, y algunos ejercerán su contra poder, es parte de la democracia, el presidente, establece, dinámicas de gobierno con los poderes del estado, pero que te atraque? Es una interpretación del emisor y debe ponerla en esta sala (SC: 222).

También considera incitación a la violencia el tuit "Presidente Maduro se acaba de quitar la careta, mandó grupos asesinar la nación", pues ningún venezolano, mucho menos con el alcance comunicacional de este líder debería hacer según el forense una denuncia semejante por un medio de comunicación.

Otros mensajes que según el analista incitan a la violencia son los referidos a que "hay una cúpula que a (sic) secuestrado los poderes del estado" (SC: 222) Asimismo, las etiquetas "el que se cansa pierde", o "sos Venezuela", "el estado delincuente" le parecen violentas. Según el forense hay un solo tuit con un llamado a la paz y en 18 llama a protestar en forma no violenta, con lo cual implica que la protesta lleva intrínsecamente la violencia. El analista sostiene que, si bien él mismo defiende la soberanía del pueblo y el derecho a la protesta pacífica, la libertad de expresión debe ser responsable:

> [...] yo no tengo credenciales para hacer hermenéutica jurídica solo lo básico de lo que dice nuestra Constitución de la República Bolivariana de Venezuela, defiendo y defenderé el artículo 5 la soberanía reside en el pueblo y los poderes emanan del soberano palabras más, palabras menos y, del artículo 68 que es un derecho, el derecho a protestar en paz, lo dice y el artículo 57 y 58 pero el 57 que nos habla de la libertad de expresión y el 58 nos habla de la responsabilidad, debemos ser responsables del mensaje que emitimos. (SC: 221).

5.3.4. *La salida y sus peligros*

El experto forense se pronuncia también sobre el movimiento de La Salida. Se llamó así al movimiento liderado por Leopoldo López en 2014, pocos meses después de la denuncia de fraude en las elecciones de 2013 hecha por Henrique Capriles Radonski. El movimiento estaba originalmente basado en el derecho a la desobediencia civil de Thoreau (1894) que comprende, en sentido laxo, el no cumplimiento de leyes injustas y el desacato a las autoridades cuando éstas lesionan los principios democráticos y los derechos humanos[95].

Sostiene el forense que, según las funciones del lenguaje, el acusado ha logrado a través de las convocatorias a protestas y por su descalificación del estado como "delincuente, asesino y narcotraficante", cumplir con la función conativa, es decir, con la función estratégica del lenguaje,

---

95 La constitución venezolana en su artículo 350 habilita al pueblo a desconocer a cualquier régimen, legislación o autoridad que contra-ríe los valores, principios y garantías democráticas que menoscabe los derechos humanos.

y con ello lograr que sus mensajes lleguen al receptor para que éste haga algo. En este sentido, la salida lograría destituir las cabezas de los poderes del estado como quiere el acusado, para dejar el poder en manos del pueblo.

Ahora bien, esto para el experto es peligroso por el clima de polarización existente, lo cual ha sido demostrado por los procesos electorales al darle partes casi equivalentes al chavismo y a la oposición. El forense emplea, como ejemplo de los peligros de la polarización, el caso de Ruanda, donde el uso de la radio, un medio con capacidad de inmediatez, de masificación y de construcción de un mensaje personal, se profundizaron las contradicciones y hubo casi un millón de muertos. Las características de la radio como medio de comunicación se asemejan claramente a los del twitter; moraleja, la expresión del desacuerdo trae como consecuencia la profundización de la contradicción, por lo cual los medios masivos son peligrosos en sí mismos.

> Mira lo que ocurrió en la década de los ochenta, con la radio de las mil colinas, es un caso para la reflexión, del punto de vista ético, moral, para la reflexión incluso de la relación discurso, medios, lideres, de lo efectos que puede generar en la población emitir mensajes de confrontación. Que efectos puede generar en la sociedad? en la década de los 90, la radio de las mil colinas en Rwanda, utilizó ese medio que tiene la capacidad de la inmediatez, es decir, lo que se dice se escucha inmediatamente, por la capacidad que tiene la radio de masificarse en los medios, por la capacidad también que tiene este medio de radio eléctrico de construir un lenguaje personal, con el receptor uno de los grupos utilizó, ese medio para profundizar las contradicciones, uno de esos grupos lanzo consignas radicales, uno de esos grupos nunca plantío(sic) el dialogo si bien es cierto, era un conflicto étnico entre Hutsis (sic) y Tutsis el resultado de utilizar un medio tecnológico para plantear su visión política... (CS: 200)

López pedía La Salida y empleaba un término polisémico que significa en español en primer lugar 'solución', pero también 'salir de algo' o simplemente 'salir'. En su discurso del 23 de enero de 2014 pedía salir a la calle a discutir cuál era la solución para salir del desastre en que se encontraba el país. Ahora bien, según el forense, el solo hecho de salir a la calle presupone la violencia. "[...] como no, verse en las calles pero no precisamente a discutir" (SC: 220). Para el forense, la incitación a la violencia a través del twitter es clara, porque hay una crítica dura en contra del presidente.

> Que voy a salir yo a la calle? Con claveles? Que voy a salir yo a la calle si yo le estoy diciendo a mis seguidores que, el presidente manda asesinar como uno de los mensajes contundentes el presidente, palabras más, palabras menos, "Presidente Maduro se acaba de quitar la careta, mando grupos asesinar la nación"[96] ese mensaje a dos millones setecientos siete mil y más seguidores y aparte de eso mandas imágenes del presidente con armas y diciendo "Maduro te atraca" etc, etc, cualquier psicólogo social, cualquier experto en psicología en masas, diría hay una incitación a la violencia... (CS: 223)

Según el forense la desobediencia pacífica no implica sumisión por lo cual, como se ha demostrado a través de la historia, todos los procesos pacíficos paradójicamente habrían generado violencia. En este sentido cita los procesos de Martin Luther King y Gandhi para mostrar que no hay posibilidad de protesta sin violencia.

> [...] esto es clave el tema de la desobediencia pacífica, que no implica sumisión, lo dice el ciudadano Leopoldo López, efectivamente implica, no sumisión, es así, así lo han demostrado distintos procesos políticos, pero que todos han generado violencia, todos han generado violencia o, por más de sus intenciones, hay una violencia pacífica(sic) (SC: 223).

López, en la convicción del forense, ha planteado mal las cosas puesto que la paz debe preceder a la salida y no al revés, como lo afirma el acusado.

> La paz viene de último, viene después de la salida, la paz no es durante, ni la paz es antes, es después que se dé la salida, eso puede tener múltiples interpretaciones y una es, la rebelión no es paz, la rebelión digital que puede llegar a la sociedades "off line" es decir, las sociedades que están fuera del Internet, puede ser de manera no pacifica, un discurso de una actitud irreverente, pacifica implica mayor orientación del líder, aunque sus intenciones sean buenas, implica mayor capacidad de pedagogía, andragogía, ejemplo, mayor retórica. (SC: 228).

---

96 Las negritas están en el texto.

5.4. Dos éticas y sus argumentos

Tarre Briceño[97] en un artículo de prensa publicado el mismo año de los acontecimientos que tuvieron como consecuencia el proceso contra Leopoldo López, atribuye la división de la oposición venezolana en la fundamentación de sus convicciones en dos éticas opuestas, las que Max Weber, en 1919 denomina de ética de la convicción y ética de la responsabilidad. Mientras que Leopoldo López y sus partidarios exigían apelar a la desobediencia civil para restituir el hilo constitucional sin esperar a la próxima elección, la otra parte de la Mesa de la Unidad desde la misma oposición sostenía la necesidad de privilegiar las consecuencias de esas acciones y esperar tiempos mejores. Este mismo argumento fue esgrimido por el experto forense en el juicio contra Leopoldo López.

Ahora bien, para Weber, en todo caso no se trata de dos principios que si bien son contrapuestos, no se excluyen totalmente en la práctica, puesto que los políticos deben más bien sopesar en qué medida se aplica el uno o el otro. En ese sentido se explica:

> Con ello hemos llegado al punto decisivo. Tenemos que tener en claro que toda actividad orientada por la ética puede estar bajo dos principios fundamentalmente diferentes e irresolublemente contrapuestos: la convicción o la responsabilidad; la actividad puede estar orientada, o bien por una "ética de la convicción", o bien por una "ética de la responsabilidad". Y no es que la ética de la convicción equivale a irresponsabilidad, como que tampoco la ética de la responsabilidad equivale a una ética sin convicciones. Por supuesto que no se trata de eso. Pero existe una diferencia abismal entre actuar con la convicción de un principio ético – hablando en términos religiosos sería: "el cristiano hace el bien y deja el éxito en manos de Dios" – o bien con la responsabilidad ética de hacerse cargo de las consecuencias (previsibles) de sus actos (Weber 1919:38).

Acusar a Leopoldo López de no haber previsto las consecuencias de sus críticas al gobierno chavista por sus acciones inconstitucionales, de recordar la necesidad de la separación de poderes y del respeto a los derechos humanos basada en el peligro que pudiera ocasionar, son argumentos ciertamente falaces. La violencia ya estaba siendo ejercida de muchas maneras por el gobierno para mantenerse en el poder. La más reciente

---

97 Tarre Briceño (2014).

había sido una vez más, la realización de comicios ciertamente oscurecidos por la presión a los votantes, las amenazas reales a través de los cuerpos paramilitares del gobierno, y finalmente el no seguimiento a las denuncias de fraude por parte del candidato de la oposición, Henrique Capriles Radonski. La pregunta que se le debería hacer a quienes preferían la inacción, la responde también Weber cuando dice en su famosa conferencia:

> Porque si la consecuencia de la ética acósmica del amor impone: "no resistir al mal con violencia", para el político lo válido es la sentencia contraria: "debes resistir al mal violentamente, porque, de no hacerlo, serás responsable por su predominio". El que quiera actuar según el Evangelio, que se abstenga de hacer huelgas – porque son una forma de coerción – y que vaya a alguno de los sindicatos amarillos. Pero, por sobre todas las cosas, que no hable de "revolución" (Weber 1919:37).

No es el propósito de este capítulo analizar la violencia gubernamental en Venezuela. Las violaciones a los derechos humanos tienen, lamentablemente, una amplia bibliografía. Basta revisar los informes del Foro Penal Venezolano, analistas como Montero, o la página de Human Rights Watch sobre Venezuela en Internet entre otros[98].

5.4.1. *Argumentos contra el tuitero*

El experto forense argumenta que el acusado sabe muy bien proyectar su imagen de padre de familia y su condición de preso político. Asimismo, reconoce la condición de líder del acusado, en la cantidad de seguidores que tiene, su posición como tuitero, los retuits que recibe y el efecto viral de algunas de sus comunicaciones. Hemos visto como en efecto el retuit y la mención son formas de mostrar el acuerdo en la comunidad digital.

Las habilidades de López para conseguir convencer a sus seguidores están según el forense en su capacidad de síntesis y en su lenguaje llano. Eso lo lleva a convencer a un público compuesto en su mayoría de jóvenes y a ser aceptado fácilmente entre ellos. López habla por todos los venezolanos y además los separa en seguidores y en opositores; entre estos últimos están los poderes del estado, de modo que su discurso tiene un efecto polarizante.

---

98 *Cf.* Foro Penal Venezolano (2016), Montero (2016).

El experto argumenta que el discurso fue en detrimento de aquellos que no estaban de acuerdo con su modelo de país. Según él ningún venezolano, mucho menos con el alcance comunicacional de este líder, debería hacer las denuncias que hizo el acusado por un medio de comunicación tan eficaz como el twitter. La capacidad del líder y la debilidad de la audiencia parecen resumir los peligros de este tuitero en particular.

Los fiscales y la jueza Barreiros, como miembros de la fiscalía, toman los argumentos del experto en twitter basados en la responsabilidad del líder para acusar a Leopoldo López. La fiscal Narda Sanabria, por ejemplo, acota que el acusado usa el twitter de manera irresponsable:

> Posteriormente acude el funcionario [...] quien hizo el Reconocimiento Técnico y un vaciado a todos lo twets (sic) enviados por el ciudadano Leopoldo Eduardo López Mendoza, desde el 12-02 al 12-03- 2014, estos fueron los twets (sic) que fueron analizados por el ciudadano periodista [...], quien indico que este ciudadano Leopoldo Eduardo López Mendoza, utilizaba esta herramienta de manera irresponsable (Fiscal Narda Sanabria: SC:71-72).

En el criterio de la fiscalía y sus asesores, no puede hablarse de llamados pacíficos —a aplicar la Constitución como pedía el acusado— cuando el llamado se hace en un contexto de violencia. No aclaran los miembros de la fiscalía la situación de los derechos humanos en el país, ni el hecho de que la violencia particular de ese día ocurrió por la inseguridad creciente en el país, ni por el intento de violación a una estudiante en un campus universitario, ni por el asesinato de personas a manos de funcionarios gubernamentales, ni que habían encarcelado estudiantes presos en varias regiones del país.

> Si el ciudadano Leopoldo Eduardo López Mendoza se hubiese acogido al articulo 68 de la Constitucion de la Republica Bolivariana de Venezuela, pues eso no lo entendio no lo hizo, a sus seguidores pero ese no fue el mensaje que el mando(sic) a sus seguidore (sic), que fuese una maniestacion (sic) pacifica sui (sic) armas y sin violencia, y en ese sentido obraron el ciudadano Leopoldo Eduardo López Mendoza, que es un líder, utiliza su cuenta twitter (sic) de manera irresponsable incita a la violencia, para manipular a sus seguidores con el fin de lograr la salida, el poder a costa de lo que sea, no le interesa que sea rompiendo el hilo constitucional, porque lo importante para el es llegar al poder a costa de lo que sea (Fiscal Narda Sanabria, SC: 120).

5.4.2. *Argumentos contra el twitter*

Puede decirse que el experto forense, a pesar de sostener que defiende la libertad de expresión (SC: 221) y de tener él mismo una cuenta de twitter con 4.538 seguidores y de seguir a 3.730 personas para el 6 de agosto de 2016, día en que escribimos estas páginas, no favorece al twitter como medio de comunicación política porque puede reproducirse, tener un efecto viral y en sus palabras convertirse en una matriz de opinión, con lo cual causa impacto en las redes sociales (SC: 222). Sobre todo, considera "altamente riesgoso" "desafiar a los poderes del estado en un país polarizado, teniendo como limitante 140 caracteres" (SC: 224). Mucho más desafiante es para él emplear la descortesía contra el presidente de la república acusándolo de quitarse la careta y mandar a asesinar la nación, o incluso presentar su fotografía con una ametralladora en la mano.

Las etiquetas, marcas de intertextualidad en el twitter, se difunden muy rápidamente. Sean simples declaraciones como "el que se cansa pierde", o "sos Venezuela", o denuncias como "el estado delincuente", "Maduro te atraca" producen el efecto de reunir a la comunidad alrededor de un tema, y generar nuevas intervenciones y, según él, inducir a la violencia.

La libertad de expresión debe ser responsable. Así lo manifiesta el experto cuando alude, sin mencionarla, a la acusación de fraude electoral que hizo el candidato opositor Henrique Capriles Radonski, [...] "cuando el representante de la oposición dijo lo que dijo y se generara una serie de situaciones que, quedaría de parte de la justicia venezolana plantear si lo investiga." (CS: 220). Con el condicional, el experto deja dudas sobre el seguimiento a la denuncia.

En general parece considerar que todos los medios de comunicación son peligrosos, también lo es la radio como se demostró en el caso de Ruanda, porque la inmediatez de ambos medios los torna en instrumentos eficientes de comunicación interpersonal. La expresión del desacuerdo y la oposición al gobierno se difunden rápidamente. En el caso de La Salida, el solo hecho de que la población salga a la calle representa un peligro.

El twitter es demasiado eficaz, demasiado rápido, demasiado abarcador. Con ello se valora la plataforma en razón de las consecuencias que puede generar, que en el caso de la información, es un medio peligroso y riesgoso. Más aún la información en sí misma es peligrosa en los ojos del analista si no se ofrece con responsabilidad, en otras palabras, si no se miden las circunstancias políticas y sociales del momento[99]. El país está dividido y eso la hace más peligrosa aún, por lo tanto y sin preguntarse por los orígenes de esa polarización, debe tomar en cuenta las consecuencias, buenas y malas, de sus acciones. Pero el experto forense sostiene defender el espíritu de la constitución venezolana:

> [...] defiendo y defenderé el artículo 5 la soberanía reside en el pueblo y los poderes emanan del soberano palabras más, palabras menos y, del artículo 68 que es un derecho, el derecho a protestar en paz, lo dice y el artículo 57 y 58 pero el 57 que nos habla de la libertad de expresión y el 58 nos habla de la responsabilidad, debemos ser responsables del mensaje que emitimos (Experto en twitter, SC: 220).

Sin embargo, antepone la peligrosidad del medio en las circunstancias contextuales. En otras palabras prefiere, antes que la convicción que muestra el acusado de la necesidad de defender la legalidad en la república, tomar en cuenta el clima de polarización que reina en el país.

> [...] un líder debe tener no solamente la responsabilidad, de conocer el impacto que pueda tener el medio que maneja, debe tener la capacidad de, el mensaje que maneje y los posible efectos que, pueda tener en la población, y además, debe entender el contexto político que, existe en la población venezolana (Experto en twitter:SC: 223).

La jueza Barreiros retoma su argumentación y argumenta en contra del tuitero y del twitter como medio de comunicación.

> Se valora la declaración del ciudadano [...] quien analizó el discurso planteado por el ciudadano Leopoldo López en su cuenta twiter@ (sic) LeopoldoLópez, entre el primero de enero del año 2014 y el18 de marzo del mismo año, señalando distintos criterios en torno a lo parámetros que un lider debe tomar en cuenta al momento de emitir sus mensajes y transmitir sus discursos, mensajes que como lider sirven para establecer patrones de conducta. Al respecto, indicó que el ciudadano Leopoldo López utilizó el twitter como un poder fáctico, toda vez que hay aceptación del receptor, la cual es

---

99 Se trata, según Perelman y Olbrechts-Tyteca (1989: 413) del argumento pragmático.

masificada a través de este medio, lanzando mensajes en contra del actual gobierno, desconociendo su legitimidad, por ejemplo **"el que se cansa pierde"** el cual fue retwiteado, pero hay otras etiquetas en torno al mensajes *la salida*[100] **"sosVenezuela" "el estado delincuente"**, el cual también fue ampliamente difundido. En cuanto al día 12 de febrero, hubo una descalificación a los representantes de los poderes del estado, algunos adjetivos relevantes que manifestó: ***un estado delincuente, asesino, narcotraficante***, entre otros, considerando el experto que esos mensajes tenían un propósito que es llegarle al receptor, construyendo el modelo básico de comunicación que es emisor, medio (por donde se transmite el mensaje), mensaje y el receptor, para construir una idea en torno a una visión de país para que le llegue a sus seguidores que, para ese momento era más de 2 millones 700 mil. (Jueza Barreiros, SC: 260)

Para el año 2014, al chavismo y a parte de la oposición los une una misma ética. López, para el momento de su encarcelación no tiene un apoyo convincente de la oposición venezolana. Solo dos años después de haber sufrido la cárcel, él y los estudiantes tienen el apoyo de la totalidad de la Mesa de la Unidad. También se han oído las voces de una serie de líderes mundiales, de los ex-presidentes primero y luego de los presidentes en ejercicio, así como de organizaciones mundiales como la UE y la OEA en defensa de la causa de López y de los demás presos políticos. Como lo expresa claramente Tarre Briceño:

> Quienes desde el mes de febrero propiciaron la tesis que se ha denominado "La Salida" la fundamentaron en la profunda convicción de que el régimen imperante es una dictadura en lo político y un desastre en lo socio-económico y que, por lo tanto, no podía esperarse el vencimiento de los lapsos constitucionales y que debía exigirse en la calle, la puesta en marcha de los diferentes mecanismos que la propia Carta Magna establece: La renuncia, la Asamblea Constituyente o el referéndum consultivo. Esta posición ha sido calificada por quienes la adversan, como "voluntarista" y por algunos como "aventurera". Lo que podríamos llamar el "oficialismo" de la MUD, encabezado por su entonces Secretario Ejecutivo, Ramón Guillermo Aveledo, asumió la ética de la responsabilidad, considerando que el criterio último para determinar el

---

100 Énfasis en el original.

rumbo de la oposición, había de fundamentarse en la con-secuencia de la acción y especialmente en sus posibilidades de éxito. Sostuvieron la pertinencia del diálogo con el gobierno. Algunos sectores "radicales" tacharon de débil y hasta de "colaboracionista" esta posición (Tarre Briceño, 2014).

Con la ética de la responsabilidad se prefiere esperar circunstancias en las cuales sea más factible y más sencillo aplicar las leyes. Ahora bien, cuando el país se encuentra en dictadura, y más aún en las condiciones de emergencia social que ya empezaban a aflorar en 2014, es difícil pedir paciencia y esperar tiempos mejores. La república se funda sobre leyes, no sobre circunstancias; eso es lo que permite que la estructura y la permanencia de los estados. Los catálogos de circunstancias y sus atenuantes serían infinitos si hubiera que sopesar la conveniencia de aplicar la ley sobre la que se basa una república.

5.5. *Consideraciones*

En este capítulo hemos analizado la declaración del experto forense llamado a analizar el conjunto de tuits que el acusado había enviado desde su cuenta entre los meses de enero y marzo de 2014. El experto, un periodista y profesor universitario que ha sido alto funcionario del régimen, considera una muestra de los tuits suministrado por la fiscalía. Ciertamente no ofrece una imagen de imparcialidad en su declaración.

Sostiene que el acusado emplea de manera muy eficiente su cuenta de twitter, que mantiene desde 2009. En efecto, tiene una enorme capacidad de síntesis y un lenguaje muy llano. Ello le permite llegar a su público de seguidores que el experto considera compuesto sobre todo de jóvenes puesto que son quienes manejan las plataformas cibernéticas.

La libertad de expresión es peligrosa, según el forense. Esto le permite considerar que el acusado utiliza irresponsablemente su cuenta, enviando mensajes violentos, sin tomar en cuenta la peligrosidad de este moderno medio de comunicación. En efecto, sostiene que la inmediatez de los medios de comunicación pueden llevar a la violencia.

Hemos concluido que tanto la fiscalía como sus expertos argumentan teniendo como base una ética de la responsabilidad, basada en la conveniencia del contexto, que ciertamente es la de un gobierno totalitario. Como contrapartida de ello, Leopoldo López parece basarse en una ética de la convicción que reclama la legitimidad del sistema de gobierno, y la necesidad de la acción para restablecerla, una visión que no parecen compartir en el momento de su protesta la totalidad de los líderes de la oposición. Ello, evidentemente no favoreció al político en hacer llegar su mensaje a la población, pues no parece haber tenido el respaldo suficiente para sostener la necesidad de abogar por la república y sus principios en la lucha por la democracia.

6 DISCURSOS INCOMPATIBLES[101]

> *Ya por fin conseguí la palabra clave del Juicio, la palabra clave del Juicio magistrada es sesgo, ha habido sesgo, se ha pretendido sesgar tres aspectos fundamentales, ha habido sesgo histórico de nuestra realidad, ha habido sesgo del discurso de Leopoldo López y ha habido sesgo de la prueba en este caso, si alguien me pidiera que hiciera [...] una caracterización de este Juicio pues yo lo resumiría en la palabra sesgo*
>
> (Juan Carlos Gutiérrez, Sentencia Condenatoria: 23-24).

La finalidad de este capítulo es mostrar que las posiciones ideológicas diferentes permiten que se pueda evaluar una misma situación de manera distinta. El texto de la Sentencia Condenatoria de Leopoldo López refleja dos visiones del estado —por parte del acusado y de la fiscalía— que son opuestas e irreconciliables. Esto incide negativamente en la justicia. Por una parte se observa el apego a las formas republicanas de gobierno, por la otra la idea de que lo político debe prevalecer sobre lo jurídico. Esta última tendencia, representada por el chavismo, desconoce el derecho a la protesta por vía constitucional. Son dos concepciones del estado que definen dos modelos de legitimidad democrática: la de origen y la de ejercicio.

---

101 Una versión más amplia de este análisis será publicado en *Discurso y Sociedad* bajo el título de "Contexto, modelos mentales y topos en la sentencia condenatoria de Leopoldo López".

La lingüística discursiva ha sostenido que los participantes son los constructores de un contexto que, además, es dinámico[102]. De allí que sea pertinente partir del concepto de contexto para analizar el texto de la sentencia condenatoria de Leopoldo López, para observar cuáles son los modelos mentales que tienen los representantes de la fiscalía y la defensa sobre los mismos temas. Nos interesan particularmente los conceptos de democracia, la desobediencia civil y, en particular, lo concerniente al movimiento que inició el acusado y que llamó "La Salida".

El papel que juega el análisis lingüístico en la acusación de Leopoldo López nos lleva a estudiar el texto de la Sentencia condenatoria de este político para evidenciar su carácter no democrático. Como se ha dicho reiteradamente, el juicio de Leopoldo López se basó en la interpretación de la evidencia lingüística por parte de la fiscalía por la ausencia de pruebas materiales. Es difícil pensar que, de haber habido pruebas de otro tipo, se hubiera recurrido a pruebas tan sofisticadas como las de un análisis del discurso de un dirigente político o a un análisis de sus tuits. Se vincularon las intervenciones del líder con la violencia callejera que ocurrió el día 12 de febrero de 2014. La palabra de López se convirtió entonces en el *corpus delicti* de este juicio.

> El "delito" por el cual fue condenado López, en definitiva, como resulta evidente del análisis del texto de la sentencia, no fue otro que el "delito de opinión," lo que implicó que se lo condenó por su discurso, de manera que lo que se persiguió fue el "delito" de haber manifestado públicamente su opinión política, como líder opositor exitoso, contra el gobierno totalitario que padecemos los venezolanos, y haber denunciado todos los vicios que afectan al régimen, promoviendo la necesidad de que dicho gobierno sea removido del ejercicio del poder (Brewer Carías 2015: 21).

La fiscalía se basó en dos experticias realizadas por profesionales universitarios que habían manifestado públicamente su adhesión al gobierno ya fuera en sus escritos y en sus páginas web, o simplemente por ocupar cargos públicos. Con base en estas experticias, se intentó establecer una relación causa-efecto entre las palabras del orador y los eventos del día, a efectos de omitir el impacto sobre el ánimo de los manifestantes de las violaciones a los derechos humanos por parte del gobierno en los días anteriores y también los asesinatos ocurridos ese día.

---

102 Van Dijk (2008).

Las acusaciones de los fiscales y la sentencia de la juez Susana Barreiros evidencian que los expertos forenses comparten sus mismos modelos mentales. Como prueba de ello veremos cómo los fiscales se refieren continuamente estos reportes, y la juez Barreiros los cita verbatim. La parcialidad de los expertos compromete peligrosamente la objetividad del procedimiento y permite que surjan dudas sobre la justicia impartida en este caso.

Un estudio previo en el campo jurídico es el del jurista Allan Brewer Carías sobre el mismo corpus, el de la Sentencia condenatoria de Leopoldo López. El autor afirma que:

> "La acusación estuvo montada para perseguir un "delito de opinión," dedicando buena parte del texto a citar un informe pericial de una experta en lingüística [...] la cual al analizar el 'discurso' de Leopoldo López, pudo afirmar —solo en forma de hipótesis— que "por los hallazgos que arrojan los textos analizados, los discursos del ciudadano Leopoldo López (los días previos al 12 de febrero del presente año) pudieron preparar a sus seguidores para que activaran lo que él llamó #LaSalida del día 12 de febrero y los días subsiguientes" (Brewer Carías 2015: 4)

Resalta Brewer Carías la afirmación de la lingüista de que "el orador (Leopoldo López) al cultivar la ira en su discurso, argumentando en contra del actual gobierno nacional, pudo haber transferido este sentimiento a su público (seguidores)". Asimismo muestra la incidencia del peritaje con las palabras del fiscal acusador cuando éste acusa a López de "utilizar los medios de comunicación social convencionales y alternativos para darle fuerza a sus discursos de contenido violento, pues su único propósito era desaparecer la tranquilidad pública, al llamar a un grupo de personas en correspondencia con su alocución para desconocer las autoridades legítimas y las leyes." [103]

Anota Brewer Carías la coincidencia de la declaración del fiscal con el peritaje cuando

> El mismo fiscal sostiene que existen elementos, como la experticia de análisis de los discursos del imputado Leopoldo López, suficientes para estimar que sí determino e indujo a los manifestantes a realizar un ataque en contra de la sede del Ministerio Público, y en

---

103 Brewer Carías (2015a: 560).

contra de bienes del Estado Venezolano a partir de sus discursos determinados también por la convocatoria a la desobediencia y al ataque formulado por el imputado, tal como se evidencia en la experticia de análisis de discurso. Reitera el fiscal el concepto de la experta de que "el ciudadano Leopoldo López posee un ethos discursivo que domina e incide sobre el ethos de sus destinatarios" (Brewer Carías 2015a: 561).

El estudio de Brewer Carías (2015a) y la lectura del texto de la Sentencia condenatoria muestran la parcialidad de los expertos forenses que participaron en el juicio. No son nuestro objeto de análisis los problemas éticos del trabajo forense, ni la obligación de imparcialidad en estos casos. Hay una extensa bibliografía para los lingüistas forenses, como por ejemplo los de Roger Shuy, quien opina que las decisiones del caso deben dejarse a quienes sopesan los hechos.

Sobre todo, sostiene que los analistas no deben fundamentar las posiciones de los clientes, puesto que no son abogados de ninguno de los lados; su papel es sólo la de analizar la evidencia y presentarla:

> But working on a case does not mean that you have to agree with or support the accusations or positions of the clients on either side. The law permits the expression of two sides of any dispute, and lawyers are hired to represent such positions and their clients involved in them. In contrast, linguistic consultants are not advocates for either side. We simply analyze the evidence and present it. (Shuy 2006: 124)[104].

6.1. *Algunos previos*

Nos referimos brevemente a lo que conciernen los materiales que estuvieron a nuestra disposición y algunos conceptos empleados para su estudio.

---

104 Pero trabajar en un caso no quiere decir que se tenga que estar de acuerdo, o fundamentar las acusaciones o posiciones de los clientes de ninguno de los lados. La ley permite la expresión de dos lados de cualquier disputa, y los abogados se contratan para representar esas posiciones y a sus clientes, que están involucrados en ellas. Nosotros simplemente analizamos la evidencia y la presentamos.

6.1.1. *Los materiales*

Debido a las circunstancias en la que se llevó a cabo el proceso contra Leopoldo López, los materiales de que se dispone son limitados. Como se sabe, el juicio se hizo a espaldas del público y de la prensa. Incluso estuvo restringida la entrada a la sala a los familiares del acusado. A la defensa no se le permitió presentar ni testigos, ni una contra-experticia a los informes forenses. Por ello no están a la disposición del público la transcripción del juicio, ni las experticias. Hay acceso extraoficial a algunos materiales, pero no es legal citarlos. Debido a esta compleja situación, sólo nos referimos al texto de la sentencia condenatoria[105] publicado por la fiscalía varios meses después de haberse dictado la sentencia misma.

En el texto de la sentencia condenatoria a Leopoldo López se pueden encontrar las declaraciones del acusado, de sus abogados, de los expertos, los testigos de los hechos del 12 de febrero y de los jueces participantes en el juicio, de ahí que se conjuguen textos de distinto género y de distintos autores. Aquí elegimos solo algunos de ellos.

Como constituyen declaraciones de una sola persona, los textos son coherentes en la medida en que puede serlo la transcripción de un juicio oral convertido por el transcriptor del juzgado en un texto escrito. No puede saberse si los textos fueron orales o escritos para ser leídos, sino por observaciones como la de la experta lingüista de que cita de memoria "Voy a considerar todos los aspectos que mi memoria permita recordar, puesto que no voy a utilizar ningún material de apoyo" o "voy a tratar de ser lo más apegada a mi memoria fotográfica que pueda" (Experta lingüista, SC: 161). El único texto que suponemos fue escrito originalmente es el de la juez del caso, Susana Barreiros, que constituye su propia sentencia en la totalidad del texto de la sentencia condenatoria.

Revisamos en este capítulo las transcripciones que se encuentran en la sentencia condenatoria de las siguientes declaraciones: 1) La declaración de Leopoldo López; 2) La declaración de la experta lingüista sobre el análisis discursivo de los discursos de López; 3) La declaración del fiscal Nieves; 4) La declaración de la fiscal Sanabria; 5) La sentencia definitiva de la jueza Barreiros. No tomamos en cuenta en esta oportunidad ni las declaraciones de los abogados de la defensa, ni el interrogatorio de la fiscal Sanabria a Leopoldo López, ni la declaración del experto en tuits, que a la que nos referimos en otro capítulo.

---

105   La sentencia condenatoria se identificará en las citas como SC.

6.1.2. *El contexto*

Los hablantes tienen visiones del mundo surgidas de sus creencias y sus valores. Ello ocasiona que las mismas situaciones comunicativas no sean percibidas de la misma manera por los participantes en una interacción. Se ha definido el concepto de *contexto"* en términos de los modelos mentales subjetivos de los participantes en una situación comunicativa[106]. Ello permite dar cuenta de la variación que se produce cuando hablantes con modos de pensar y de sentir distintos interpretan un único texto de modo distinto.

Son los hablantes entonces, quienes definen las situaciones comunicativas; de ellos depende la coherencia de un texto, entendido este como un enunciado. Si pensamos en las situaciones políticas y sociales que nos interesan aquí, esto no significa que éstas no tengan dimensiones objetivas, sino que son los participantes quienes las interpretan, por lo que entiende cada uno, lo que percibe, lo que interpreta depende de sus propios conocimientos, sus opiniones y sus emociones. Por ello se ha sostenido que los contextos son modelos mentales relacionados con la memoria episódica y autobiográfica[107]. Sin estos modelos, los participantes no serían capaces de comprender las situaciones sociales complejas en tiempo real.

Así se explica la intervención de López cuando se refiere al respeto que debería sentirse ante la situación comunicativa del juicio, una situación formal donde los ciudadanos deberían sentir respeto por solemnidad del juicio:

> [...] y yo si quiero decirle ciudadana Juez con mucha responsabilidad que yo entiendo la naturaleza de este Juicio, yo entiendo la naturaleza de este Juicio, y yo entiendo que estaos (sic) en una sala de Juicio en donde los abogados están obligados a ponerse su toga , donde estamos obligados a respetar, yo entiendo eso pero yo quisiera de verdad como venezolano de verdad sentir respeto, admiración por el sistema de justicia venezolano, no lo siento, no lo siento y como yo hay muchos venezolanos (Leopoldo López, declaración en el Juicio, SC: 35)

---

106   Van Dijk (2008).
107   Van Dijk (2008).

Los miembros del mismo grupo y la comunidad comparten conocimientos, normas, valores, e ideologías y ellos construyen el contexto para cada situación comunicativa. Pensemos lo que todos hemos sentido cuando vamos a una reunión en otro país. Ciertamente hemos encontrado que las formas de festejar son distintas. En algunas regiones están relacionadas con la conversación, en otras con la bebida o la comida, en otras con la música y con el baile. Por ello se define el contexto como dinámico, en el sentido de que se construye para cada situación comunicativa.

El conocimiento del contexto social y cultural permite al hablante planificar y ser capaz de producir un texto apropiado a la situación comunicativa. Gracias a ello, el individuo es capaz de reconocer qué sucede a su alrededor, si está en una clase, en una consulta médica, si está conversando con amigos o incluso en el contexto de un juicio. El concepto de contexto nos sirve para observar los modelos mentales contradictorios que se reflejan en las declaraciones de los participantes.

La idea del contexto como dinámico y compartido por los miembros del grupo se relaciona con el viejo concepto de topos[108]. El fundamento de esa estructura es precisamente el *topos* o *tópico,* el 'lugar', una especie de puente, un principio que asegura la validez o la legitimidad de la estructura argumentativa, de ese movimiento que nos lleva de A á C. De modo que hay que desentrañar el puente que se extiende entre un extremo y otro del argumento para entender lo que se está diciendo.

Hemos definido la política como la lucha por el poder entre quienes buscan mantenerlo y quienes tratan de resistirlo, así como la cooperación a través de las prácticas e instituciones de una sociedad para resolver conflictos de interés. López como político que es, se opone al gobierno que él considera antidemocrático. De ello se desprenden también dos valoraciones opuestas de los mismos conceptos, de los mismos hechos. Veremos en este capítulo que sigue de qué manera se oponen en la sentencia condenatoria dos visiones de mundo opuestas, quizás incompatibles.

6.2. *Los temas en conflicto*

Del estudio de la Sentencia Condenatoria surgen una serie de temas que se trataron durante el juicio, en las declaraciones de los fiscales, o de la juez Barreiros o de la experta lingüista. Veremos cómo estos temas merecen consideraciones opuestas, como son el ethos del locutor y la ma-

---

108 Retomado por Ducrot (2012).

nera cómo este se usa en su contra, la desobediencia civil y las formas contrarias de valorarla y La Salida como solución a la crisis. Asimismo, el tema del topos empleado como argumento en la declaración de la experta lingüista. Los segmentos del texto de la sentencia condenatoria, citados en este trabajo han sido copiados textualmente, sin que se hayan corregido los errores en la transcripción.

6.2.1. *El ethos del locutor*

Leopoldo López se considera a sí mismo como un "perseguido político", "yo soy un perseguido político desde hace muchos años" (Sentencia condenatoria: 33), porque ha sido inhabilitado para ejercer cargos públicos y porque sostiene que la orden de captura es anterior a su actual aprisionamiento:

> [...] yo fui inhabilitado para ejercer cargos de elección popular a pesar de haber ganado una decisión de la Corte Interamericana de Derechos Humanos que me daba la razón de que me habían violentado mis derechos, el estado venezolano lo desconoció, he sido víctima de intentos de homicidios, he sido víctima de agresiones, de asesinato moral prácticamente todos los días incluso en estos días a través de los medios de comunicación del estado, acusado permanentemente de que debo estar preso por parte de Nicolás Maduro y otros voceros... (Leopoldo López, SC:33)

Sostiene que se ha presentado a la justicia voluntariamente a pesar de que esta es injusta. A la defensa, en efecto, no se le ha permitido presentar ni testigos, ni expertos que hagan una contra-experticia forense, mientras que la fiscalía ha solicitado dos experticias y tiene a 55 testigos.

> [...] no nos aceptaron una prueba, no nos aceptaron un testigo, ni uno y ellos tienen 55 testigos del ministerio (Leopoldo López, SC: 36).

El acusado piensa que los poderes, en el país, están secuestrados, por lo cual es consciente de los riesgos a los que se expone. Se posiciona en contra del poder, en un nivel macro, representado naturalmente por el gobierno al que se opone y, en un nivel micro, en contra de la fiscalía que lo acusa en el juicio:

> [...] en ese contexto de persecución, en ese contexto de injusticia yo decidí presentarme voluntariamente ante una justicia que desde mi perspectiva, desde mi vivencia y desde el análisis que hago de lo

que ocurre en el país es injusta, injusticia injusta (Leopoldo López, SC: 33)

La estrategia de la experta en relación con el *ethos* del orador, un concepto nombrado así por ella siguiendo a la lingüística francesa —se refiere a Ruth Amossy— es la de alabar al acusado, considerándolo inteligente y hábil, además de claro y directo. Con ello alaba al oponente, estrategia recomendada por Aristóteles en su Retórica[109]. Refuta de ese modo a López cuando opina que estar del lado correcto de la historia "es una frase muy fuerte, muy interesante". Considera "brillante" el discurso del 23 de enero; "muy importante y muy inteligente" la frase de López "estar del lado correcto de la historia" y sostiene que el locutor es consciente de su fuerza elocutiva y de su ascendencia sobre el auditorio. Sostiene que "él tiene con qué", una locución venezolana relativa a las cualidades de la persona, y le atribuye "por lo menos una maquina retórica extraordinaria pero tiene un discurso que no es precisamente pacifico" (SC:182). Alaba su retórica, pero refuta su intención pues "tiene un discurso que no es precisamente pacífico".

> [...] allí están una identificación muy clara de *ese discurso que es brillante* el del 23 de Enero, entre quienes son los protagonistas de la historia cuando esa frase que es profundamente desde el punto de vista publicitario y lingüístico la frase del lado correcto de la historia, es una frase muy fuerte, muy interesante, *es muy importante y muy inteligente ...* (Experta lingüista, SC:175).

> [...] entonces es muy difícil vuelvo y repito que si usted le estoy hablando negativamente de algo usted responda pacíficamente, es imposible, es muy poco probable que eso suceda *yo creo que el locutor lo sabe y esta conciente (sic) de ello esta (sic) conciente (sic) de la fuerza elocutiva que tiene y de su ascendencia tanto así que a mi no me importa decirlo, el señor Leopoldo López es un líder de oposición muy importante que ha logrado remontar la figura de otras, de otros lideres de oposición y el tiene con que, por lo menos una maquina retórica extraordinaria pero tiene un discurso que no es precisamente pacifico* (Experta lingüista, SC:182, énfasis nuestro).

Como buen orador comunica emociones. De este modo la experta habla de la "rapidez e intensidad cuando habla de este gobierno" y acota

---

109 *Cf.* Sáix Sáez, Ángel (2003: 234).

que "a voz es resollada, un poco forzada (SC:170-171)". Una de las emociones que comunica según la experta forense es la ira, cuando sostiene:

> Yo tomé básicamente los conceptos de Pier (sic) León de 1971 en los que él hace una caracterización de digamos un perfil, una matriz de rasgos diríamos nosotros en fonología de *lo que caracteriza el habla de una persona que está enojada,* porque de una persona que está enojada, bueno porque evidentemente los discursos del ciudadano Leopoldo López *son discursos de confrontación, son discursos reales que se sienten legítimamente en su derecho a sentirse indignado y a transferir su enojo...* (Experta lingüista, SC: 170, énfasis nuestro)

Ahora bien, el locutor es, según Perelman y Olbrechts-Tyteca quien construye su auditorio. Sobre todo, debe conocerlo, pues:

> El conocimiento, por parte del orador, de aquellos cuya adhesión piensa obtener es, pues, una condición previa a toda argumentación eficaz (Olbrechts-Tyteca, 1989:56).

Así también la experta atribuye esta capacidad al acusado, pues sostiene que conoce muy bien a su audiencia de jóvenes, que constituyen "el pueblo", ese pueblo a quien "conoce muy bien". Si bien la palabra "pueblo" puede tener varias acepciones —la experta habla de un sema polisémico (sic)—, el pueblo a quien se dirige López es más bien esa juventud de indignados que se sienten sin futuro en el país. No hay una base lingüística para sostener que el uso de "el pueblo" por López signifique sólo quienes se oponen al gobierno. Sin embargo, este argumento es sin duda importante para la fiscalía, puesto que la juez Barreiros lo retoma textualmente en su sentencia final.

> [...] el pueblo es un sema profundamente polisémico (sic) valga la redundancia es decir pueblo, bueno el pueblo al que el ciudadano Leopoldo López está invocando [...] *es un pueblo a quien el (sic) conoce muy bien, es un pueblo a quien él ha estudiado, es un pueblo que esta conformado en su mayoría por jóvenes* que tienen inquietudes, que se sienten indignados, que tienen legítimas razones para sentirse indignados y ese seria digamos que el auditorio que lo está acompañando en ese primer topos de cambio de sistema, de cambio de gobierno [...] (Experta lingüista, SC: 173 Barreiros, SC:261, énfasis nuestro)

Esto lo refleja el discurso de la fiscal Narda Sanabria, cuando a partir de las experticias forenses afirma lo siguiente:

> [...] acudieron a ese llamado del ciudadano Leopoldo Eduardo López Mendoza que es un líder, un gran líder, aquí en el año y dos meses que tuvimos de juicio siempre, se destaco (sic) su calidad de líder, *incluso la analista lingüista XXX y el Experto en redes sociales XXX, manifestó que si (sic), que específicamente el ciudadano Leopoldo Eduardo López Mendoza era un gran líder, y convocaba y movía masas de personas* [...] (Fiscal Sanabria, SC: 62, énfasis nuestro)

La experta lingüista hace hincapié en la capacidad de López de mover las masas con argumentos emotivos y aclara cómo incluso ella se vio conmovida por uno de ellos:

> [...] *hay un caso que a mi me conmovió mucho* en su argumentación porque puede ser real de una madre que tiene que pagarle (sic) un Fiscal un dinero para lo libere esos son los destinatarios con los que el se está identificando y les da además un punto de vista importante a esos jóvenes, a esos destinatarios a los que es se está identificando (Experta lingüista, SC: 175, énfasis nuestro).

Cabe señalar que Perelman y Olbrechts-Tyteca sostienen que el orador que convence lo hace con argumentos universales, mientras que el que persuade sólo pretende servir a un auditorio particular (1989: 67). Esto implica de alguna manera también que lo racional está en la base de los argumentos universales y lo emotivo en la de los particulares, de modo que los argumentos emotivos estarían dirigidos a un público determinado, un auditorio a todas luces maleable.

6.2.2. La desobediencia civil[110]

La desobediencia civil, una forma de acción política que tiene sus fundamentos en el libro de igual nombre de Henry David Thoreau es, a grandes rasgos, el desacato de las leyes o el desconocimiento del gobierno por parte del individuo para protestar contra formas discriminatorias o injustas de gobierno. Dado que responde al bien común, la desobediencia se rige por principios fundamentales, originarios —de la constitución, por ejemplo— y los sigue aunque vayan en contra de alguna ley. Se entiende

---

110 *f.* Hernández (2012).

que se basa en los principios democráticos, por ello las razones que se esgrimen son de orden moral, para no contribuir a las leyes o prácticas injustas, aunque sean del mismo gobierno.

La desobediencia se comunica discursivamente y es no violenta, y es por ello una estrategia esencial de la democracia, que supone que un gobierno electo por el pueblo debe rendirle cuentas a este por ser su servidor, con lo que se contradice con la idea de que todo el poder es del gobierno por haber sido electo éste por el pueblo.

Leopoldo López sigue muy de cerca la teoría de Thoreau. Fundamenta su protesta en que en el país no hay democracia, y que el partido de gobierno maneja todos los poderes, incluso el de justicia. Por ello descalifica al adversario, considerando que el presidente no es demócrata y que el sistema tampoco es democrático, porque los poderes públicos no son autónomos.

La descalificación del adversario es una función del discurso político[111].

> Yo creo que en Venezuela no vivimos en democracia, yo sí creo que Nicolás Maduro no es un Presidente demócrata, yo si creo que en Venezuela no hay autonomía en los poderes públicos yo si creo que en Venezuela lamentablemente el sistema de justicia esta colonizado y penetrado por la dominación del partido de gobierno. (López, SC: 34)

Por ello afirma también que su camino no es el de la violencia, lo cual no le inhibe a su derecho a la protesta, que es un derecho consagrado en la constitución del país.

> Yo jamás he planteado una invitación a la violencia, nunca, nunca, siempre hemos planteado, nuestro escenario es la calle, nuestra estrategia es la no violencia, y nuestro compromiso es la conquista de la democracia y una mejor Venezuela, siempre, lo repetimos siempre [...] porque ese es el derecho a la protesta que tenemos, porque ese es el derecho que tenemos de ejercer nuestro descontento con lo que hoy está pasando (Leopoldo López, SC: 36)

Asume también la responsabilidad por sus acciones, tanto debido a la urgencia del momento —"si no lo enfrentamos hoy no lo podremos cambiar"— y por el bien público, "hacia una mejor Venezuela".

---

111   *Cf.* Chilton y Schäffner (2001).

[...] asumimos los riesgos de enfrentar a un estado que creemos, sostenemos, es corrupto, ineficiente, antidemocrático, porque tenemos la convicción de que si no lo enfrentamos no lo podremos cambiar y estamos nosotros convencidos de que hoy tenemos que comenzar el cambio hacia una mejor Venezuela, respetuosa de la constitución, respetuosa de la autonomía de los poderes públicos, respetuosa de la justicia y que los venezolanos podamos soñar que podemos vivir en un mejor país y no estar condenados como lo estamos a que todos los días las cosas estén peor como está sucediendo actualmente en Venezuela, muchísimas gracias". (Leopoldo López, SC: 39)

El gobierno, por su parte, toma la posición de tener el poder que le ha sido conferido por el pueblo, por lo cual toda acción que se ejerza para sacarlo de él es inconstitucional. Esta idea de la inamovilidad de lo establecido se refleja a lo largo de todo el texto de la sentencia condenatoria y en boca de los diversos funcionarios de la fiscalía, entre ellos de la experta forense quien considera la idea de la ilegitimidad del gobierno como un topos que se repite a lo largo de los discursos del acusado, no ya de su declaración en el juicio, sino en los discursos que ha proferido y que han motivado su encarcelamiento.

La experta se posiciona abiertamente con el gobierno y en contra de la postura de López al opinar que el gobierno pierde autoridad si se lo deslegitima –"si yo pierdo la autoridad como madre no puedo exigir que el día de mañana mi hija haga algo en contra de las normas que yo le he dado"—, explicando desde una concepción autoritaria de la maternidad la concepción paternalista de un gobierno autoritario.

[...] el ciudadano Leopoldo López y que se repite a lo largo de toda la exposición que el hace y es la distinción muy clara entre pueblo y gobierno hay que diferenciar muy bien el pueblo del gobierno, el pueblo es bueno, el gobierno no, el pueblo es humillado, el pueblo esta siendo objeto de violaciones a sus derechos humanos en cambio el gobierno no entonces hay como una distanciación entre lo que yo sin ser abogado pero conocedora de la constitución como toda venezolana entiendo entre poder constitutivo y poder constituyente, es decir, por un lado está una clara diferenciación el pueblo está en contra del gobierno, el pueblo ademas (sic), el pueblo considera legitimo desconocer a un gobierno ilegitimo porque ese es un argumento que se repite es un topos que se repite, el de gobierno ilegítimo se repite, si nosotros partimos de la premisa de (sic) lado ilegitimo e (sic) evidente que lo desconozcamos, no solamente s evidente es razonable que lo desconozcamos, si yo pierdo la autoridad como madre no puedo exigir que el dia (sic) de mañana mi hija haga algo en contra de las normas que yo le he dado entonces si se deslegitima el gobierno y se dice claramente que esto es un gobierno ilegítimo pues salir a la calle a conquistar la democracia por medios constitucionales, constitucionalmente, es muy complicado, o sea discursivamente es una tarea titánica. (Experta lingüista, SC: 177; citada verbatim por la juez Barreiros, SC: 263, énfasis nuestro).

Cabe hacer notar que estas dos concepciones de la democracia, dinámica una, estática la otra, se corresponden también con dos modelos de legitimidad: la de ejercicio y la de origen. La primera supone que el gobierno es democrático no solo porque haya sido electo por los ciudadanos, sino porque sus principios y prácticas lo son: hay separación de poderes, hay respeto a los derechos humanos, etc., en el primero de ellos, mientras que una concepción estática de la democracia puede derivar en gobiernos autoritarios.

[...] todos los elementos nos llevan a concluir de que (sic) no hay autonomía en los poderes públicos, de que no hay autonomía del proceso de pensamiento, de que no hay autonomía de la interpretación de las leyes, de que todo es político (López, SC: 38).

6.2.3. *La Salida*

Uno de los nudos que se presentan en la interpretación del discurso de López lo constituye una expresión: La Salida", que fue el nombre del movimiento que se asumió en ese momento símbolo del cambio necesario para el país. Veamos antes que nada la definición de la palabra "salida" en español. El Diccionario de la Lengua Española (DLE) trae, entre otras acepciones, las siguientes:

Escapatoria, pretexto, recurso.

Medio o razón con que se vence un argumento, dificultad o peligro.

Fin o término de un negocio o dependencia.

En Venezuela, las acepciones de "salida" como 'escapatoria' y 'medio o razón con que se vence un argumento, dificultad o peligro' son corrientes. Estas acepciones son del español general; así, María Moliner trae en su *Diccionario de uso del español* (DUE) la acepción y ejemplos siguientes:

> Medio de salir de cierta situación apurada: 'El gobierno no encuentra salida para esta situación. No tenemos otra salida que pedir un préstamo'.

Los enunciados de Leopoldo López —*El pueblo no parece ver una salida al desastre al que hoy estamos sometidos* y *Cuál es la salida a este desastre*— parecen corresponder a las acepciones 'medio o razón con que se vence un argumento, dificultad o peligro' y 'fin o término de un negocio o dependencia' del DLE, y 'medio de salir de cierta situación apurada' del DUE.

Leopoldo López afirma que la salida debe ser popular, democrática y dentro de la constitución. La salida no debe convocarse solamente en espacios restringidos, ni en las organizaciones políticas, sino que de ella debe hablarse en todas partes, en todos los rincones del país, en la calle, porque Venezuela necesita una salida. Ahora bien, ¿qué es lo que resulta ofensivo en esa palabra para la justicia venezolana? ¿Por qué se le condena por una palabra y por qué las valoraciones opuestas? Si fuera cierto que los sucesos de febrero ocurrieron después de los discursos de López ¿cuáles son los fundamentos que tiene la fiscalía para relacionar el discurso con la violencia callejera? La fiscalía no expresa una relación causa efecto específica en este sentido.

En la concepción de López el cambio es valorado positivamente. Si se revisan en este sentido las definiciones de los diccionarios, encontramos que a las acepciones que hemos señalado puede adjudicárseles también una valoración positiva en el español general, excepto, quizá, la que dice "Fin o término de un negocio o dependencia", cuya valoración puede ser también negativa según como se evalúe el negocio o la dependencia a que se alude.

La Salida está ligada a la idea del cambio; en el discurso de López el "cambio de gobierno", "cambio de modelo", "cambio de sistema" y también el "alzamiento" entendido como "alzamiento de la conciencia, del espíritu de lucha, de la vocación de cambio", algo en que hace énfasis el orador es la salida, la solución. "La Salida" es, desde ese punto de vista, la búsqueda del modo de hacer posible ese cambio dentro de la constitución venezolana.

> [...] el camino que nosotros hemos propuesto esta (sic) dentro de la constitución y lo dijimos mil veces y usted lo va a poder ver en los discursos cuando los escuche, hemos planteado, está el revocatorio es un camino, está la renuncia es otro, está la convocatoria a una asamblea constituyente, lo hemos dio (sic) hasta el cansancio, ahora siempre hemos dicho una renuncia, una convocatoria al revocatorio o una convocatoria a una constituyente, todas tienen un común denominador que es tener la calle, es la presión de la calle, que es tener al pueblo expresándose en el único lugar donde hoy se puede expresar porque ni siquiera hoy, dadas las circunstancias que hay en Venezuela no (sic) podemos expresar por los medios de comunicación que también están tomados, cercenados y asfixiados (Leopoldo López, SC: 36).

Así lo vemos también en la explicación que del concepto hace Julio Jiménez Gedler @juliococo, un joven político caraqueño, cuando tuitea a las 2:00 pm del viernes 13 de noviembre de 2015 en una de sus frecuentes discusiones con sus amigos: "¿Y qué era la #LaSalida? Buscar el cambio con constituyente, o enmienda, o referéndum, o elección adelantada x dimisión". Según López, su discurso no era un llamado a la violencia a pesar de que ese día la hubo, cuando las fuerzas oficiales armadas enfrentaron a los estudiantes:

> [...] usted no va a conseguir en mi palabra jamás un llamado a la violencia pero según el Ministerio Público no lo consigue porque no es necesario que yo diga expresamente una invitación a la violencia por que es que mi discurso genera una mutación semiología (sic) que luego de manera subliminal impacta en el ciudadano que luego ejerce una acciones, ese es todo el argumento del Ministerio Público, todo el argumento del Ministerio Público es que mis palabras tienen la capacidad de incidir subliminalmente en las acciones de los ciudadanos [...] (Leopoldo López, SC: 37)

Todas estas posibilidades se corresponden —sin entrar en detalles jurídicos— con lo que en la competencia lingüística del venezolano común se entiende como permitido, legal, dentro de la norma. A "la salida", en el discurso de López, subyace el derecho al cambio, a la rebelión, a la desobediencia civil, uno de los derechos del hombre consagrados tanto por la constitución venezolana como por Naciones Unidas. El derecho a pensar distinto, a hablar sobre una solución:

> [...] pero yo tengo todo mi derecho de decirlo porque si no, no viviríamos en democracia, porque esa es la esencia de una democracia [...] porque este Juicio ciudadana Juez, este Juicio va a determinar la calidad de democracia en Venezuela [...] (Leopoldo López, SC: 37).

Para el gobierno por el contrario, y en este caso para la fiscalía, la salida entendida como el cambio, la transformación, implican una alteración del estatus quo. De allí que el modelo mental de La Salida sea negativo porque, para quienes están en el poder, no representa una solución sino un trastorno, una alteración de lo establecido.

Por ello, para el gobierno Leopoldo López quiso alterar el hilo constitucional y sacarlo del poder. El gobierno lee "salida" en su acepción "el fin o término de un negocio o dependencia" dándole una valoración negativa porque el gobierno, claro está, no quiere ni salir, ni ser sacado. De ahí que la salida, desde este punto de vista, fuera necesariamente violenta y conducente a la violencia. Tal interpretación se traduce en el accionar del gobierno el mismo día 12 de febrero.

Esa acepción fue la que privó en el juicio contra Leopoldo López. Así lo anota Brewer Carías con relación al peritaje forense en el que se basó la acusación, el cual estimó que "toda persona que invoque el derecho ciudadano a la desobediencia civil y a la resistencia frente a gobiernos que se consideran ilegítimos que garantiza la Constitución en dicha norma, necesariamente tendrá un propósito violento"[112], como se refirió el mismo peritaje al discurso del 23 de enero que analizamos aquí porque, dado que al líder se le atribuyen cualidades de buen orador, el peligro es justamente llamar a la calle:

> [...] el 12 de febrero que es el día de la juventud, no esta José Félix Rivas por ningún lado a mi no me interesa hablar de los símbolos patrios ni de que José Félix Rivas tiene que ser reivindicado ese no es mi objetivo, el caso es que no lo nombra, estamos hablando del día de la juventud en el que nada mas propicio hacer un llamado a la juventud para que sea protagonista del cambio, cual es el programa narrativo el cambio de gobierno como se va a realizar ese trabajo

---

112 Brewer Carías (2015a: 559).

narrativo, mediante la salida, la salida que significa, salir a las calles, salir a manifestar de manera pacifica en las calles , pero que (sic) pasa el (sic) les da todo el referente de quien es el antisujeto por el cual hay que cambiar el gobierno entonces es muy difícil vuelvo y repito que si usted le estoy hablando negativamente de algo usted responda pacíficamente, es imposible, es muy poco probable que eso suceda (Experta lingüista, SC:182).

Entender "salida" en la acepción más general y común, como solución a un problema o interpretarla, como lo hizo el gobierno, como un intento de derrocarlo, evidencia dos concepciones del poder. La primera donde la alternabilidad es la esencia; la segunda, donde promover el cambio es un delito. Así lo consigna el fiscal Nieves durante el juicio:

> Ese mismo día cuando el ciudadano Leopoldo López emite su discurso, llega con una consigna, la consigna no era más que la salida a la calle, cuyo fin de acuerdo a lo manifestado por este mismo ciudadano en los reiterados mensajes y alocuciones que ha emitido a través de los diferentes medios de comunicación social no era más que la salida del Presidente Nicolás Maduro y la calle era mantenerse en la calle como sucedió el día 23 de Enero del año 1958 con el depuesto Marcos Pérez Jiménez, esto era con el fin mantenerse en la calle con el fin de lograr un cambio estructural de quienes conducen el poder nacional con el propósito de que éstos fueran destituidos de sus cargos [...] motivando en ese momento a sus seguidores, a través de su discurso para indignarlos y de esta manera convencerlos y sembrarle las esperanzas que frente al abuso la solución era esta salida. (Fiscal Nieves, SC: 7).

La Salida ha sido interpretada, también por algunos sectores de la oposición, como el origen de la violencia callejera. Esto se fundamenta en las críticas que hace López al gobierno, porque deslegitima al gobierno. Este argumento es esgrimido por la experta y retomado verbatim por la juez en su sentencia final.

> [...] en el caso de la descripción del actual Gobierno Nacional bueno el ciudadano Leopoldo López ha utilizado calificativos que son, bueno 'pues yo no me atrevo a catalogarlos aquí, pero el habla de un estado delincuente, el habla de un estado narcotraficante el habla de un estado que con sus aviones, con sus fragatas y sui (sic) armamento no va a poder con nosotros que estamos persiguiendo el cambio, el habla de una camarilla, no lo hace en el 23 de Enero pero

son calificativos que utiliza, de una camarilla que son los poderes públicos, y están acompañando al Gobierno... (Experta lingüista, SC: 176, citada verbatim por la juez Barreiros, SC: 263).

Contribuye a la violencia la utilización de símbolos que incitan a la violencia según la experta, al atribuir una intención al acusado. Shuy sostiene en esta materia:

> Virtualmente en todo litigio es importante la materia de la intención. Por ejemplo, los estudiosos de la ley puede preguntar sobre lo que realmente pretendía un estatuto, los abogados puede preguntar lo que el escritor del contrato quiso decir al redactar un documento, o un abogado puede preguntarse lo que la persona que hace un testamento realmente intentaba dejarle a los herederos. De la misma manera, los funcionarios policiales, abogados, jueces y lingüistas puede preguntarse lo que la gente intentaba hacer según lo que decían en conversaciones grabadas. Todos pueden ver las palabras escritas y pueden oír las palabras dichas, pero ninguna ciencia puede alcanzar hasta dentro de la mente de un escritor o un hablante para conocer con un grado de certeza lo que la persona realmente intentó hacer o lo que comprendió (Shuy 2013: 56, mi traducción).

Uno de ellos es referirse a Rómulo Betancourt, un líder paradigmático para la historia de la democracia en Venezuela quien, sin embargo, es mal visto por el movimiento chavista puesto que los acompañantes de Betancourt eran "grupos armados", "se está hablando de una sublevación armada". En efecto, según la experta la recurrencia no es casual dado que con la referencia a Betancourt también se busca relacionar las fechas históricas del 23 de enero de 1958 y de 2014. A pesar de que las intenciones son difíciles de identificar, esta cita de la experta es también retomada por la juez Barreiros en su sentencia final.

> El segundo topos sino mal recuerdo tiene que ver con la referencia histórica a la figura de Rómulo Betancourt y que me corrija la defensa si me estoy equivocando en el segundo topos, esa recurrencia no es casual, no es casual desde el punto de vista simbólico y desde el punto de vista histórico, porque yo planteé al comienzo que el parangonar del 23 de Enero de 1958 con el 23 de Enero de 2014 es un propósito retórico, es un propósito discursivo del ciudadano Leopoldo López que busca parangonar ambos

momentos históricos de la historia de Venezuela... (Experta lingüista, SC: 173)

> Rómulo Betancourt desde Costa Rica, en su exilio él llama a la sublevación y no podemos olvidar que el grupo que acompaña a Rómulo Betancourt, como por ejemplo Alberto Carnevali, Sáenz Mérida, Domingo Alberto Rangel, se me escapan algunos pero, Fabricio Heda (sic), eran grupos armados, o sea, se está hablando de una sublevación armada, ojo yo no quiero decir con esto que el ciudadano Leopoldo López esté incitando a sus destinatarios a ignorar la figura de Rómulo Betancourt, pero esa es una figura importante porque no podemos olvidar el contexto, en lingüística nosotros nunca podemos olvidar el contexto situacional en el que nosotros estamos planteando un discurso o sea no hay discurso inocente (Experta lingüista, SC:173; citada verbatim por la juez Barreiros, SC: 262).

Determinante en el supuesto llamado a la violencia es el llamado a la calle que, según López, es el único espacio de libertad que le queda al ciudadano. Sin embargo, para la experta no es así:

> El tercer topos que utilizan (sic) al que recurre el ciudadano Leopoldo López, en el caso del 23 de Enero siempre está presente, siempre está presente el tema del alzamiento, de la lucha en la calle que l (sic) ciudadano Leopoldo López ha dicho en muchos discursos, que es no violenta que es pacífica es verdad yo no puedo negar que no lo ha dicho de hecho está escrito así pero hay un contexto cuando nosotros hablamos de levantar el espíritu de lucha cuando hablamos de una figura que ha participado en lucha armada, cuando hablamos de la deslegitimación de un Estado es muy difícil doctora, es muy difícil yo no voy a decir que es imposible pero es muy difícil que la respuesta sea pacífica... (Experta lingüista, SC:175).

Esto lo confirma la juez en su sentencia final:

> Leopoldo López, expresándose a través de los distintos medios de comunicación hizo llamados a la calle los cuales produjeron una serie de hechos violentos, desconocimiento de las autoridades legitimas y la desobediencia de las leyes, que desencadenó en el ataque desmedido por un grupo de personas que actuaron determinados por los discursos del mencionado ciudadano (Juez Barreiros, SC: 256).

No corresponde aquí entrar en el tema de la violencia callejera. Hay numerosos trabajos periodísticos sobre lo que se llamaron las "guarimbas" durante los meses de febrero y marzo de 2014, así como también sobre los estudiantes muertos y presos desde esa época. La relación de causalidad entre la opinión, el llamado a la protesta y la violencia callejera no puede establecerse discursivamente.

6.3. *Los topos*

Los topos o lugares refieren a la retórica clásica, y son principios generales en los que se basan los argumentos. La experta los define y se basa en ellos para su análisis de algunos elementos del discurso del acusado:

> [...] yo trabajé con un concepto muy importante de la retórica que son los topos, en plural que son las llamadas sedes de la argumentación, o sea las sedes de la argumentación, los principios, las ideas básicas que dan paso a los argumentos (Experta lingüista, SC:171).

En su declaración, la experta enumera cinco topos: el primero es el cambio de gobierno, de modelo y de sistema que propone López; el segundo es la referencia a Rómulo Betancourt; el tercero es el 23 de enero, fecha en que se recupera la democracia; el cuarto es la identificación de los destinatarios como del lado correcto de la historia y el quinto es el sujeto en la caracterización del gobierno nacional. No estamos de acuerdo con esa categorización.

En nuestro análisis consideramos la representación del sistema de gobierno, en cuya valoración divergen las partes, más bien un modelo mental. Así mismo, la referencia a Rómulo Betancourt es para nosotros una voz, valorada por López como autoridad, que no calificaríamos de topos. Tampoco lo es la efeméride del 23 de enero —agregaríamos el 12 de febrero también— una fecha simbólica que representa otra voz, la de la historia, presente siempre en el discurso de López. La identificación de las personas, esto es, de los estudiantes, o del mismo Leopoldo López como sujetos, y la del gobierno como antisujeto, se pueden considerar más bien como argumentos de la persona basados en el lugar de la cualidad[113].

---

113 *Cf.* Perelman y Olbrechts-Tyteca (1989: 186).

Los topos, como dijimos, son principios muy generales sobre los que se basan los argumentos. Supongamos que la madre critica el atuendo de la hija adolescente y esta le responde: ¡Mamá, pero si lo usa todo el mundo! Con ello se fundamenta en el topos de la cantidad —mientras más mejor— para rebatir el argumento de su madre, de que es raro lo que tiene puesto. En cambio una actriz, al prepararse para la alfombra roja, por ningún concepto quiere que el vestido que lleva sea algo que use todo el mundo: ella quiere ser original y prefiere fundamentar su argumentación en el lugar de la cualidad. En el texto de la sentencia condenatoria, hemos encontrado los siguientes topos o lugares:

a) El lugar del orden afirma la superioridad de lo anterior sobre lo posterior, de la causa, de los principios o del fin y de los objetivos. En este lugar se fundamenta el argumento de que los principios se valoran por sobre los hechos[114]. La desobediencia civil defiende la idea de que los principios de la democracia están por encima de cualquier ley o decreto que pretenda contravenirlos. Para la oposición que lidera López es fundamental que se respete la separación de poderes en el estado por sobre los decretos presidenciales que le han otorgado más poder al ejecutivo, lo cual justifica la Salida, o el llamado a la rebelión de las conciencias.

b) El lugar de la inercia por sobre el cambio es el topos sobre el que argumenta el gobierno, dado que en esta forma de pensamiento lo permanente pasa a considerarse como lo normal. Lo normal es que las cosas queden como son, por lo que habría que justificar la necesidad del cambio, pues una alteración del orden establecido resulta violento. Un cambio traería como consecuencia un debilitamiento del poder concentrado en el ejecutivo, para quien el origen de los males está no en las condiciones de irrespeto a los principios democráticos y a los derechos humanos, ni en el uso de la fuerza pública contra la población civil que desencadenó las protestas callejeras, sino en el discurso incendiario del líder que es capaz de mover a jóvenes incautos a querer cambiar el estado de cosas. Contra el topos de la inercia van el derecho a la desobediencia civil y La Salida:

> En realidad, la inercia permite contar con lo normal, lo habitual, lo real, lo actual y valorizarlo, ya se trate de una situación existente, de una opinión admitida o de un estado de desarrollo continuo y regular. El cambio, por el contrario, debe justificarse; una decisión,

---

114 *Cf.* Perelman y Olbrechts-Tyteca (1989:160).

una vez tomada, sólo puede modificarse por razones suficientes (Perelman y Olbrechts-Tyteca 1989: 178).

c) El lugar de la cantidad. Por lugares de la cantidad se entiende que algo vale más que otra cosa por razones cuantitativas[115]. Puede pensarse que la acusación sobre la violencia generada supuestamente por el discurso de López y al llamado a la calle es también una argumentación fundamentada en este lugar, puesto que se trata del poder. Sublevarse contra el gobierno es ir contra el poder, llamar a la rebelión así sea de las conciencias es ir contra el poder El gobierno tiene, sin duda alguna, el poder en este juicio, no solamente porque ES gobierno y representa a la mayoría, sino por las condiciones en que se ha llevado a cabo el juicio donde hubo 55 testigos de la fiscalía contra ninguno de la defensa, quien tampoco pudo contar con una contra-experticia forense en la sala. No es un secreto que el poder ejecutivo ha reunido cada vez más poder en un país en el que las situaciones de excepción y los decretos presidenciales pertenecen al día a día.

d) La cualidad. Este topos rechaza lo común, la costumbre y por ende se opone al topos de la cantidad. Se opone al número pues se relaciona con la valorización de lo único[116]. La urgencia que justifica La Salida se puede considerar como correspondiente al valor de lo irreparable y fundamentarse en este topos.

> Dicen "Una decisión cuyas consecuencias fueran irremediables se valoriza por el hecho mismo. En la acción, uno se atiene generalmente a lo que es urgente: los valores de la intensidad, vinculados a lo único, a lo precario, a lo irremediable, se encuentran en primer plano". (Perelman y Olbrechts-Tyteca, 1989: 158).

De esta manera se puede contradecir los valores de la cantidad por la cualidad, cuando se tiene que tomar una decisión. El argumento de la urgencia es empleado frecuentemente por los líderes españoles en sus intervenciones en los debates en torno al estado de la nación[117]. "Porque de no hacerlo, de no hacerlo hoy ¿cuándo? ¿Y si no somos nosotros, quienes?", dice López el 12 de febrero cuando llama a la multitud en la plaza a comprometerse con el cambio. En su opinión, el país se seguiría deteriorando

---

115 Perelman y Olbrechts-Tyteca (1989: 148).
116 Perelman y Olbrechts-Tyteca (1989:154),
117 Cortés Rodríguez (2015).

si se mantuvieran las condiciones actuales, dadas las adversas condiciones de la vida cotidiana: la inflación, la indefensión de la gente, la precariedad de las condiciones de alimentación y de salud; en resumen la inexistencia del futuro para los jóvenes venezolanos.

6.4. *Consideraciones*

Este capítulo trata sobre el juicio controversial en contra de Leopoldo López. Por tratarse de un juicio realizado en secreto, no se tienen transcripciones de las sesiones. Se tomó como corpus el texto de la sentencia condenatoria de la Fiscalía, el único texto publicado, en algunos de sus segmentos en los que se ponía en evidencia el contexto, considerado como un elemento dinámico creado por los participantes a través de modelos mentales o esquemas que van construyendo discursivamente. El análisis se basó en la declaración de Leopoldo López y en las declaraciones de los fiscales, la experta forense y la juez.

Encontramos que las mismas situaciones comunicativas son percibidas de manera tan diferente por los participantes, en el sentido de que estos construyen modelos mentales subjetivos, en este caso contradictorios. Son los participantes quienes definen las situaciones comunicativas y dan cuenta de lo que en ellas ocurre; de esta manera podemos al menos intentar entender el discurso de las partes en este juicio. Estos procesos, según van Dijk, se refieren a actitudes, ideologías y valores que comparten y separan a los grupos sociales. Esto explica a grandes rasgos las contradicciones que se evidencian en el texto de la sentencia condenatoria.

Los modelos mentales o esquemas tienen que ver con los elementos sometidos a juicio y se refieren al modelo de gobierno, a la democracia, el derecho a la resistencia civil y a la libertad de expresión y a La Salida, entre otros. Los modelos mentales son evaluados de manera diversa por ambas partes. Así el derecho a la desobediencia civil es asumido por la defensa pero no por la fiscalía; el movimiento conocido como La Salida, propuesto por López, su partido y otros sectores no es valorado positivamente ni por el gobierno, ni por toda la oposición, ni lo fue en ese momento por toda la Mesa de la Unidad Democrática (MUD), aunque dos años más tarde la MUD hizo suya la propuesta de La Salida.

Las mismas situaciones son valoradas de manera opuesta por las dos partes del juicio a Leopoldo López, la fiscalía representada por los fiscales, los expertos forenses y los testigos de la fiscalía, por una parte, y la defensa constituida solamente por el acusado y sus abogados, por la otra. De ahí que lo que ocurre el 12 de febrero pueda interpretarse de un modo opuesto por la fiscalía y la defensa: si la primera sostiene que la causa de la violencia es el discurso de López, la segunda sostiene que la causa de la misma estuvo en el asesinato de tres personas por parte de las fuerzas del gobierno.

Las partes obedecen a esquemas distintos, lo que equivale a posicionarlas también en ideologías diferentes, algo que no es ningún secreto para quienes conocen la realidad venezolana. De allí también que su concepción del estado sea diferente: El modelo de la revolución bolivariana, el llamado Socialismo del siglo XXI, conjugó valores nacionalistas con el modelo comunista de gobierno, por lo cual realizó cambios sustanciales en la constitución original tales como la prolongación del mandato presidencial, la fundación de un partido único y la prevalencia del poder ejecutivo sobre los demás poderes. El modelo democrático, en cambio, sostiene la separación de poderes como principio supremo y también la representatividad del gobierno, con lo que éste debe dar cuenta de sus actos a quienes lo han elegido. De esta manera, si el socialismo chavista se sostiene en la legitimidad de origen, la democracia demanda también la legitimidad de ejercicio. Los modelos mentales referidos a la democracia, y a lo que se entiende por gobierno democrático son entonces divergentes.

Para la fiscalía y sus expertos forenses Venezuela es un paraíso democrático, puesto que se entiende que un gobierno surgido de elecciones es un gobierno democrático, democracia de origen. López exige la condición de desempeño democrático; el gobierno venezolano vulnera principios fundamentales de la democracia como la separación de poderes y, por ello, la autonomía de la justicia, por lo tanto la situación actual no corresponde con su visión de un estado democrático.

En cuanto al derecho a la desobediencia civil, también hay visiones distintas. Para la fiscalía López irrumpe en el hilo democrático que se teje en el país porque no reconoce el derecho a la desobediencia, mientras que el acusado entiende que su acción está justificada por la urgencia de salvar a Venezuela del desastre. López considera que el gobierno es ineficiente, antidemocrático y corrupto, por lo que pide su remoción por medios constitucionales.

También son contradictorias las identidades del acusado que construyen las partes en el juicio. López se ve a sí mismo como un perseguido político. La fiscalía lo considera como inteligente y hábil, y lo acusa precisamente por ello de haber llevado irresponsablemente a los jóvenes a la violencia. Los jóvenes que acompañan a López se pintan como maleables y prestos a ser convencidos por alguien que conoce muy bien a su auditorio.

Otros principios más generales, conocidos como topos, formaron también parte de los temas tocados por los expertos forenses y otros funcionarios de la fiscalía. De allí que nos detuviéramos a analizar los topos manejados por la experta lingüista y citados por la juez en su sentencia final. También estos son opuestos.

No hay duda de que López expresa opiniones, se queja del gobierno y pide cambios gubernamentales, siempre condicionado a que esto se haga de manera pacífica y en el marco constitucional. Llama incluso al pueblo a acompañarlo en su protesta. Sin embargo, todas estas son prácticas discursivas permitidas en la democracia. En cambio este juicio no puede verse a la luz del evento comunicativo del juicio democrático. Fue sostenido en secreto, sin permitirle acceso ni al público ni a la prensa. La defensa no tuvo derecho a presentar ni testigos ni expertos forenses. Los procedimientos judiciales no fueron seguramente los adecuados.

La importancia del contexto y de los modelos mentales de los participantes es incuestionable para los estudiosos del discurso. Los expertos lingüistas no deberían ser abogados de ninguna de las partes, sino limitarse a examinar y presentar la evidencia lo más objetivamente posible. El análisis debería ser apropiado para cualquiera de las partes e idéntico si se hiciera para la parte contraria. Su rol es simplemente el de examinar y presentar sus análisis del lenguaje en evidencia tan objetivamente como posible. Este análisis debería ser el mismo tanto para la fiscalía como para la defensa. Como se ilustró arriba, la experta lingüista del gobierno no fue objetiva en su reporte. La identificación de las declaraciones de la experta lingüista, de los fiscales y de la juez del caso superan la norma de lo que debería garantizar un veredicto justo.

A MANERA DE EPÍLOGO

Este libro comenzó a escribirse con el juicio a Leopoldo López, y llega a su fin el 26 de agosto de 2016, dos años y medio después de los hechos de enero y febrero de 2014 que le dieron origen, y cuando faltan cinco días para la denominada "La toma de Caracas" programada para el 1 de septiembre de 2016 por la oposición a la dictadura. Esta "toma" implementa a gran escala todo cuanto Leopoldo López sostuviera en sus discursos de La Salida del 23 de enero y el 12 de febrero de 2014 por los cuales fue condenado. Venezuela, esclarecida por la catástrofe sin precedentes históricos a la que fue conducida por un modelo delirante, de manera arrolladora rechazó el sistema totalitario en las elecciones legislativas del 6 de diciembre de 2015 y ha comprendido la necesidad imperiosa de salir de él. Con la visión de los verdaderos líderes, Leopoldo López lo vio antes que nadie y actuó en consecuencia.

REFERENCIAS

Álvarez, A. "Estructura y función en el discurso de Leopoldo López" 2016. M. Bañón Hernández, M.ª M. Espejo Muriel, B. Herrero Muñoz-Cobo y J. L. López Cruces eds., *Oralidad y análisis del discurso. Homenaje a Luis Cortés Rodríguez*, Almería, Universidad de Almería, 25-42 [ISBN 978-84-92679-14-0].

Álvarez Muro, A. (en prensa). *Contexto, modelos mentales y topos en la sentencia condenatoria de Leopoldo López. Discurso y sociedad*.

Álvarez Muro, A. 2013. *El discurso político cotidiano. Análisis de entrevistas del corpus de Mérida*. Lengua y habla. 17, 1-13. Disponible en: http://erevistas.saber.ula.ve/index.php/lenguayhabla/article/view/4549/4327

Álvarez Muro, A. 2008. *Poética del habla cotidiana*. Mérida: Universidad de los Andes.

Amossy, R., Koren, R. 2010 "Argumentation et discours politique", Mots. *Les langages du politique* [en línea], 94|2010, publicado el 17 de diciembre de 2012, consulta le 15 décembre 2015. URL: http://mots.revues.org/19843

Asociación de Academias de la Lengua Española. 2014. *Diccionario de la lengua española*. http://www.asale.org/obras-y-proyectos/diccionarios/diccionario-de-la-lengua-espanola Consulta 3.12.2015

Bakhtine, MM. 2008. *The dialogic imagination*. Austin: University of Texas Press.

Bartlett, F. 1932 *Remembering: A Study in Experimental and Social Psychology*. Cambridge: Cambridge University Press.

Blanche-Benveniste, C. 1998, *Estudios lingüísticos sobre la relación entre oralidad y escritura*, Barcelona, Gedisa.

Blanco, E. 1972. *Venezuela Heroica*, Caracas, Monte Ávila.

Bolívar, A. y Erlich, F. 2011. "La práctica del análisis del discurso en contextos políticos polarizados. Una reflexión crítica". *Revista Latinoamericana de Estudios del Discurso. Número monográfico en Homenaje a Teun A. van Dijk*, 11, 1, 9-30.

Bourdieu, P. 2012 *La distinción. Criterio y Bases sociales del gusto*. Madrid: Taurus.

Brewer-Carías, A. R. 2004. *La Constitución de 1999. Derecho Constitucional Venezolano*. Tomo I, Cuarta Edición. Caracas: Editorial Jurídica Venezolana.

Brewer-Carías, A. R. 2015a. "La condena a Leopoldo López por el "delito de opinión" o de cómo los jueces del horror están obligando al pueblo a la rebelión popular", en: *La ruina de la democracia. Algunas consecuencias*. (Venezuela 2015). Editorial Jurídica Venezolana, Caracas / New York, 553-584.

Brewer Carías, A.R. 2015b. *La mentira como política de estado. Crónica de una crisis política permanente*: Venezuela 1999-2015. Caracas: Editorial Jurídica Venezolana.

Chacín Fuenmayor, R. 2003. "Algunos aspectos teóricos de la desobediencia civil: Análisis sobre su consagración en la Constitución venezolana". *Frónesis*, 102, 49-72. http://www.scielo.org.ve/scielo.php?script=sci_arttext&pid=S1315-62682003000200004&lng=es&tlng=es. Consulta: 8.08.2016

Chilton, P. 2004. *Analysing political discourse. Theory and practice*. London: Routledge.

Chilton, P. y Schäeffner, C. 2000: "Discurso y política", en T. van Dijk comp., *El discurso como interacción social*, Barcelona, Gedisa, págs. 297-330.

Consejo Supremo Electoral 1999: Constitución de la República Bolivariana de Venezuela. Disponible en línea: ‹www.cne.gob.ve/web/normativa_electoral/constitucion /indice. php›. Consulta 5

Constitución de la República Bolivariana de Venezuela. http://www.cne.gov.ve/web/normativa_electoral/constitucion/indice.php

Cortés Rodríguez, L. 2014a [2011]: "Las unidades de segmentación y su entramado en un discurso de Rodríguez Zapatero", *Estudios de Lingüística del Español*, 35, págs. 117-141.

Cortés Rodríguez, L. 2015. "El tema de urgencia en los debates en torno al estado de la nación", *Boletín de Filología*, 48, 2, págs. 31-48.

Cortés, Rodríguez, L. 2014b. "Sobre inicios y cierres en el discurso político", *Estudios Filológicos*, 53, págs. 55-69.

Cortés, Rodríguez, L. y Herrero Muñoz-Cobo, B. 2014: "Funciones y mecanismos en los cierres de los discursos políticos", *Romanica Olomusencia*, 26/2, págs. 191-204.

Declaración de los Derechos del Hombre y del Ciudadano, 24 junio de 1793. http://www.historiacontemporanea.com/pages/bloque1/la-revolucion-francesa/documentos_historicos/declaracion-de-los-derechos-del-hombre-y-del-ciudadano-24-junio-1793. Consulta, enero 2016.

Ducrot, O. 1984. *Le dire et le dit*. Paris: Minuit.

Ducrot, O. 2012. En Zagar Z.I. Ed. *Slovenian lectures: Introduction into Argumentative Semantics*. Pedagoski Institut. Kindle Edition. También en la edición digital original: Ducrot, Oswald. 2009. *Slovenian Lectures, Ljubljana*: Pedagoški inštitut, Digitalna knjižnica, Dissertationes 6, http://193.2.222.157/Sifranti/StaticPage.aspx?id=70

Domínguez y López. 2015. "Uso de las redes sociales digitales entre los jóvenes universitarios en México. Hacia la construcción de un estado del conocimiento 2004-2014". *Revista de Comunicación* 14, 48-69.

Espar, T.; Mora, E. 1992. "L'expertise linguistique dans le proces pénal: Langage et identité du sujet", *Revue Internationale de Sémiotique Juridique*, 13, 17-37, Liverpool: Deborah Charles Publications.

Estéves, S. 2015. Reseña sobre la conferencia de Allan Brewer Carías sobre "El secreto y la mentira como política de estado y el fin de la obligación de transparencia. *Revista SIC*. Caracas: Centro Gumilla. http://revistasic.gumilla.org/2015/el-secreto-y-la-mentira-como-politica-de-estado/#sthash.adz5dypB.dpuf. Consulta 6.12.2015

Foro Penal Venezolano. 2016. *Reporte sobre la represión del Estado Venezolano enero 2014 - junio 2016*. https://foropenal.com/node/2484. Consulta 10.8.2016.

Gainous, J. y Wagner, K. 2014. *"Tweeting to power: the social media revolution in American politics"*. New York: Oxford University Press.

Goffman, E. 1981. "Footing". *Forms of Talk*. Philadelphia: University of Pennsylvania Press, 124-159.

Gumperz, John. 1982. *Discourse Strategies*. Cambridge: Cambridge University Press.

Hernández, L. 2012. "La desobediencia civil", en: *Temas de derecho*. Disponible en línea: ‹https://temasdederecho.wordpress.com/2012/07/20/la-desobediencia-civil/› Consulta 3 de diciembre de 2015.

Hymes, Dell. 1972. "Models of interaction of language and the social life". In Gumperz, J. & Hymes, D. Eds. *Directions in Sociolinguistics*, New York: Holt, Rinehart and Winston, 35-71.

Jungherr, Andreas. 2015. *Analyzing Political Communication with Digital Trace Data The Role of Twitter Messages in Social Science Research*. Heidelberg: Springer.

Klemperer, V. 1945 LTI, *Notizbuch eines Philologen*. Berlin: Aufbau-Verlag.

La Enciclopedia Jurídica:

http://www.enciclopediajuridica.biz14.com/d/intenci%C3%B3n/intenci%C3%B3n.htm

Mancera Rueda A y Pano Alamán, A. 2013a. "Nuevas dinámicas discursivas en la comunicación política en Twitter". *Círculo de Lingüística Aplicada a la Comunicación*, 56, 53-80.http://www.ucm.es/info/circulo/no56/mancera.pdf http://revistas.ucm.es/index.php/CLAC DOI: http://dx.doi.org10.5209/rev_CLAC.2013.v56.43867

Mancera, A. y Pano, A. 2013b. *El discurso político en Twitter*. Barcelona: Anthropos.

Moliner, M. 2011. *Diccionario de uso del español*. Madrid: Gredos. Editorial.

Montero, M. 2016. *La violación de los derechos humanos en Venezuela*. Analítica, abril 6. http://www.analitica.com/opinion/la-violacion-de-los-derechos-humanos-en-venezuela/

Naciones Unidas. 1948: *Declaración Universal de Derechos Humanos*. Adoptada y proclamada por la Asamblea General en su resolución 217 A III, de 10 de diciembre de 1948. Disponible en línea: ‹www.un.org/es/documents/udhr/› Consulta 15 de diciembre de 2015.

Nølke, H. 2001: "La ScaPoLine 2001. Version révisée de la théorie Scandinave de la Polyphonie Linguistique", *Poliphonie*, III, págs. 43-65. Disponible en línea: ‹http:// www.hum.au.dk/romansk/polyfoni/Polyphonie_III/Henning_Nolke.htm› Consulta 15 de diciembre de 2015.

Nølke, H., Fløttum, K. y Norén, C. 2004 ScaPoLine. *La théorie scandinave de la polyphonie linguistique.* Paris: Éditions Kimé.

Nølke, H., Olsen, M. 2000. 'Polyphonie: théorie et terminologie'. *Polyphonie Linguistique et littéraire. II.* http://www.hum.au.dk/romansk/polyfoni/Polyphonie_II/poly2_NolkeOlsen_article.htm

Ong, W. 1987: *Oralidad y escritura. Tecnologías de la palabra*, México, Fondo de Cultura Económica.

Orwell, G. 2013. *Nineteen eighty-four* 1984 Windsor, Canada: Numitor comun. Kindle Edition.

Padilla, M.S. 2015. "La argumentación política en twitter". *Discurso & Sociedad*, Vol. 94, 419-444.

Pano, A. y Mancera, A. "La "conversación" en Twitter: las unidades discursivas y el uso de marcadores interactivos en los intercambios con parlamentarios españoles en esta red social". 2014. *Estudios de Lingüística del Español* 35, 243-277.

Perelman, N y Olbrechts-Tyteca, L. 1989. *Tratado de la argumentación.* Madrid: Gredos.

Piñate Sandoval, M. y Vivas Martínez, G. 2014. *Análisis comparativo de tweets de Nicolás Maduro y Henrique Capriles en la campaña presidencial 2013.* Trabajo de Grado. Caracas: Universidad Católica Andrés Bello: Facultad de Humanidades y Educación.

República Bolivariana de Venezuela en su nombre Juzgado vigésimo octavo de primera instancia en función de Juicio del Circuito Judicial Penal del Área Metropolitana de Caracas. 2015. Sentencia condenatoria. Causa N° 28J-810-14. Documento en Línea:1006-020503-02-2441.htm;http://historico.tsj.gob.ve/decisiones/scon/mayo/1006-020503-02-2441.HTM 1/7

Sáiz, Á. 2003. *El arte-ciencia de la comunicación, en: la retórica de Aristteles.* México: UNAM.

Searle, J. R. 1969. *Speech acts: An essay in the philosophy of language.* Cambridge University Press.

Shuy, R. W. 2006. *Linguistics in the Courtroom: A Practical Guide.* New York. Oxford University Press.

Shuy, R. W. 2013. *The language of bribery cases.* New York: Oxford University Press.

Shuy, Roger W. 1993. *Language Crimes: The Use and Abuse of Language Evidence in the Courtroom*, 1993. Oxford: Blackwell.

Shuy, Roger W. 2006. *Linguistics in the Courtroom. A Practical Guide.* Oxford University Press.

Shuy, Roger W. 2008. *Fighting over Words: Language and Civil Law Cases.* Oxford University Press.

Shuy, Roger W. 2010. *The Language of Defamation Cases.* Oxford University Press

Shuy, Roger W. 2012. *The Language of Sexual Misconduct Cases.* Oxford University Press.

Shuy, Roger W. 2013 *The Language of Bribery Cases.* Oxford University Press.

Shuy, Roger W. 2014 *The Language of Murder Cases.* Oxford University Press.

Tarre Briceño, G. 2014. *Ética de la convicción y ética de la responsabilidad. Prodavinci.* 11.08.2014.

Thoreau, H.D. [1894]. *Civil Desobedience.* Amazon: Kindle Edition.

Todorov, S 1998. *Mikhail Bakhtin, the Dialogical Principle.* Minneapolis: The University of Minnesota Press.

Toulmin, S. 2003. *The uses of argument.* Cambridge: Cambridge University Press.

Van Dijk, T. 1999. ¿Qué es análisis del discurso político?, en: van Dijk, T y Mendizábal, I.R. *Análisis del discurso social y político.* Quito: Ediciones Abya-Yala.

Van Dijk, T. 2001. Algunos principios de una teoría del contexto. *ALED, Revista latinoamericana de estudios del discurso* 11 69-81.

Van Dijk, T. 2008. *Discourse and context. A sociocognitive approach.* Cambridge, New York: Cambridge University Press.

Weber, M. 2007[1920]. *La política como profesión Max Weber*, 2007. Trad. Joaquín Abellán. Madrid: Biblioteca Nueva

www.ingramcontent.com/pod-product-compliance
Lightning Source LLC
Chambersburg PA
CBHW020052200426
43197CB00049B/371